AF252391

ŒUVRES

DE

L. BERGERON

SUR LES

ASSURANCES

PARIS

L. WARNIER & Cⁱᵉ, LIBRAIRES-ÉDITEURS

48, RUE LAFFITTE, 48

1891

ŒUVRES

DE

L. BERGERON

SUR LES

ASSURANCES

LOUIS BERGERON

1811-1890

ŒUVRES

DE

L. BERGERON

SUR LES

ASSURANCES

———⁂———

PARIS

L. WARNIER & Cie, LIBRAIRES-ÉDITEURS

48, RUE LAFFITTE, 48

—

1891

PRÉFACE

LOUIS BERGERON [1]

Louis Bergeron faisait partie de la génération intelligente, enthousiaste et novatrice du commencement de ce siècle, qui a exercé une action puissante sur nos arts, sur notre littérature et sur nos institutions politiques.

Il était un des derniers vétérans de la phalange des révolutionnaires de 1830, si intéressants par leur idéologie humanitaire et par leur intégrité dans les fonctions publiques.

Enfant de cette partie de l'ancienne Isle-de-France et du Valois, à laquelle nous devons un grand

(1) Né à Chauny (Aisne), le 30 septembre 1811, décédé à Croissy, près Paris, le 1ᵉʳ août 1890.

nombre d'écrivains remarquables, entre autres :
La Fontaine, Racine, Condorcet, Alexandre Dumas,
Henri Martin, Arsène Houssaye, Champfleury, et
où les habitants conservent encore l'harmonieuse
tradition de notre vieux langage que Gérard de
Nerval aimait tant à y retrouver ; il semblait qu'il y
eût puisé au berceau le goût des belles lettres, la
distinction du style et un charme tout particulier
de conversation.

Il appartenait à une excellente famille du pays,
peu fortunée, qui s'imposa, cependant, les sacrifices
nécessaires à son éducation. Il commença ses
études au collège de Laon et vint les achever à
Paris.

Il arrivait à l'âge d'homme lorsque la révolution
de Juillet éclata.

Il finissait alors sa philosophie dans l'institution
de Reusse, rue de Vaugirard, 48, en face du
Luxembourg.

Son imagination était déjà imprégnée des idées
libérales qui envahissaient les écoles de son temps.

Quoique d'un extérieur calme et d'un naturel
doux, il était d'une constitution vigoureuse, d'un
sang bouillant. Il s'échappa de sa pension et entra

aux Tuileries parmi les vainqueurs, aux côtés de Littré, — un fleuret à la main.

Ce premier exploit d'étudiant symbolise toute la vie politique de Bergeron. Il s'y est constamment exposé avec le plus étourdi courage et n'a jamais fait de mal à personne.

Après avoir acclamé l'avénement de Louis-Philippe comme celui de " la meilleure des républiques ", il ne tarda pas longtemps à rêver un gouvernement plus franchement libéral. Il s'associa aux hommes d'action qui tentaient de l'établir par l'émeute. Il donna tête baissée dans les conciliabules de la charbonnerie.

Il y apportait la naïveté et la sincérité de son âge. Ne connaissant l'histoire que par les récits de Plutarque et ne jugeant la société moderne que par les déclamations de son entourage, il était prêt à obéir au premier mot d'ordre. Cependant il suivait plutôt par entraînement que par passion politique; car, pour cela, deux choses essentielles lui manquaient : l'ambition et la haine de ses adversaires. Il lui manquait aussi, je l'avoue, l'abnégation de tout souci matériel. Par ses goûts et ses appétits, Bergeron n'était pas un républicain de Sparte. En vérité, dans la lutte, le danger et l'imprévu lui plaisaient encore plus que le but à atteindre. Singulier et séduisant conspirateur, qui n'avait aucun des côtés mélodramatiques du rôle et qui le relevait, au contraire, par l'humeur aventurière et l'insouciance d'un mousquetaire.

En 1832, à la suite des funérailles du général Lamarque, il s'empare seul et sans armes d'un poste de gardes-nationaux aux environs de l'Hôtel-de-Ville, et, le soir de la deuxième journée, alors que l'émeute étant écrasée, il regagnait son domicile, il se trouva cerné par la troupe dans une impasse où il se rencontra avec un ouvrier qui venait de faire le coup de feu. C'était un père de famille. Bergeron se dévoua pour lui. Il prit son arme. On laissa partir l'ouvrier et on arrêta Bergeron, mais ce dernier eut la vie sauve, grâce à ce que ses mains ne portaient aucune trace de poudre.

De pareils actes et des amitiés politiques compromettantes suffisaient pour rendre Bergeron suspect à la police de Louis-Philippe.

Le 19 novembre 1833, un inconnu tira un coup de pistolet sur le Roi au moment où il traversait le Pont-Royal pour se rendre à l'ouverture des

Chambres. Bergeron fut accusé de cet attentat; des témoins prétendaient le reconnaître.

Il se défendit lui-même en affirmant témérairement ses sentiments politiques, mais en démontrant les contradictions de l'accusation.

Il termina ainsi sa plaidoirie :

« J'ai la tête vive et légère, mais mon cœur est
» bon et généreux. Le mot d'assassin me fait mal
» à prononcer. » Il fut acquitté.

Armand Carrel qui avait suivi les débats avec assiduité rendit compte de ses impressions dans *Le National* de la manière suivante :

« Le jeune Bergeron a débité avec émotion et
» naturel une courte défense noblement écrite et
» fermement sentie, et qui prouvera aux gens qui
» se connaissent en hommes, que celui-ci n'est point
» un homme ordinaire. »

Et il fit mieux, il ouvrit les colonnes de son journal au débutant dont il venait d'apprécier la valeur.

Bergeron entra ainsi par la grande porte dans le journalisme militant.

Il faut remarquer qu'à cette époque la presse politique, qui, bientôt, allait être transformée par

Emile de Girardin et devenir, grâce aux annonces,
une industrie fructueuse, était encore si peu rému-
nératrice qu'elle restait l'expression sincère des
partis et que sa rédaction, à fort peu d'exceptions
près, était confiée à des hommes convaincus et non
à des écrivains grassement salariés.

Le règne de Louis-Philippe se composa d'une
suite d'orages. Chaque année amenait son émeute,
son scandale ou son procès politique. Quand vint
le retentissant procès d'avril 1835, notre jeune
journaliste jouissait déjà d'un tel renom qu'il fut
choisi pour défenseur par plusieurs des accusés. Il
eut alors pour collègue tout ce que le parti comptait d'hommes énergiques, intelligents, dévoués,
illustres : Etienne Arago, Barbès, Jules Bastide,
Auguste Blanqui, Carnot, Armand Carrel, Flocon,
Garnier-Pagès, La Mennais, Ledru-Rollin, Raspail,
Jules Favre, etc.

Bergeron ne se laissa pas éblouir par une pareille
fortune, et au lieu de chercher à se faire une
place dans ce brillant état-major de la République
future, il continua à servir modestement comme
simple journaliste.

Il écrivit successivement au *Siècle,* au *Charivari*

et au *Bon Sens*. Au *Charivari,* il donna une longue série d'articles mordants et spirituels sous la rubrique *Carillons.*

Souvent, il se servait de pseudonymes, car il cherchait à faire oublier son nom qu'il trouvait trop fâcheusement connu par son procès de régicide et par de nombreux duels. Il le remit cependant en lumière par le soufflet qu'il donna à Émile de Girardin, à la suite d'une discussion de presse, peu de temps après le duel fatal où Emile de Girardin tua Armand Carrel. Ce fait se passa dans une loge de l'Opéra. Il valut à son auteur trois années de Sainte-Pélagie (Novembre 1840).

Le prisonnier occupa ses loisirs forcés à des travaux littéraires. Il écrivit entre autres : « *Une jeunesse orageuse* », qui fut jouée au Vaudeville.

Il donna par la suite d'autres pièces au théâtre : *Le Bahut; Une Andalouse à Paris; Neveu, s. v. p.; L'Officier de Marine; La Veuve aux cinq Maris.*

Survint la révolution de 1848.

Le 16 mars, Bergeron fut nommé commissaire extraordinaire de la République dans l'Aisne et dans la Somme.

Il accepta ce poste difficile par dévouement pour son parti et pour obéir à Ledru-Rollin.

Il s'en démit dès qu'il ne se crut plus nécessaire, ne demandant rien, pas même la croix.

Ce fut son dernier acte politique.

Bergeron allait dépouiller le vieil homme et devenir ce qu'il demeura toujours par la suite, un assureur convaincu.

Il avait trouvé dans l'assurance sur la vie un moyen de réaliser ses rêves philanthropiques, de donner un corps à ses théories généreuses, d'utiliser pour le bien général sa facilité d'élocution, ses talents d'écrivain et, surtout, ce don particulier de séduction qui attirait à lui jusqu'à ses contradicteurs et qui fait la force pénétrante de ses écrits.

Il devait être le vulgarisateur de l'assurance sur la vie.

Il se révéla au bon moment. Tous les travaux préliminaires pour établir cette institution dans notre pays et en propager les bienfaits venaient d'être achevés.

Nos principales Compagnies étaient déjà solidement organisées ; des auteurs de mérite avaient publié les premiers ouvrages relatifs à la théorie des opérations et au bon fonctionnement des Compagnies. Le *Moniteur des Assurances* avait été récemment fondé par M. E. Reboul, dont les études à la fois techniques et littéraires avaient éveillé l'attention des hommes de lettres et des publicistes, presque tous ses amis ou camarades, et créé parmi eux un courant sympathique aux nouvelles idées de prévoyance et d'épargne dont il s'était fait le champion.

Il ne s'agissait plus que de répandre l'idée de l'assurance et de la faire pénétrer dans les masses.

Sa première brochure : *Qu'est-ce que l'assurance?* en est le catéchisme élémentaire, la définition simple et compréhensible pour tous, l'explication la moins pédante qu'il soit possible, et cependant la plus instructive.

Ce petit ouvrage, chose à remarquer, fut écrit primitivement en espagnol, à Madrid, où M. Charlon avait emmené son auteur, pour qu'il lui aidât à fonder le *Phénix Espagnol*.

Il a été traduit dans toutes les langues et tiré à plus d'un million d'exemplaires.

Il est connu de tous les agents et de tous les assurés.

Le style en est pur, alerte, clair, concis, léger et

le ton à la fois gai et convaincu. Il instruit sans
fatiguer, il démontre sans professer, il est lu aussi
facilement qui a été écrit. Sa qualité maîtresse, la
plus rare qui soit, est de convenir à tous les esprits
et de plaire à tous les lecteurs, à quelque catégorie
qu'ils appartiennent : paysans ou citadins, ignorants
ou lettrés, négociants ou artistes.

Tous les autres opuscules de Bergeron ont les
mêmes qualités ; cependant, ils sont très variés de
fond et de forme.

Qu'est-ce que l'assurance ? restera un modèle
d'exposition brillante et rapide ; *L'Avenir des
Familles* et *Aux Riches,* en forment le complément
et en développent l'application dans les classes
moyennes et dans la classe riche.

La *Vérité sur les Tontines* est un pamphlet de la
plus vive allure et de la plus sérieuse portée où
l'ironie si acérée qu'elle soit ne dégénère jamais en
allusions personnelles ni en expressions blessantes,
ou seulement violentes. Il ne s'éloigne jamais d'un
ton de bonne compagnie et sait rester courtois
malgré l'impétuosité de ses attaques. Il ne vise pas
à son but par une trop facile exagération de langage,

si habituelle dans les polémiques de presse, et par l'audace des épithètes, mais seulement par la valeur des arguments, et ceux-ci sont présentés d'une façon si neuve et si originale qu'ils frappent l'imagination en même temps que le jugement et restent définitivement ancrés dans la mémoire.

Cette brochure a porté au système tontinier un coup décisif dont il ne s'est pas relevé.

Elle révèle toutes les imperfections et tous les inconvénients du système. Depuis, rien n'a été dit de nouveau à ce sujet, si ce n'est *Le Secret du Conservateur*, où Bergeron a pris spécialement à partie la dernière compagnie tontinière et les vices particuliers à son développement.

Je viens de relire, pour la vingtième fois, peut-être, *Un Rêve de Banquier philanthrope*. Toutes les fois que cette plaquette me tombe sous les yeux, je ne puis m'empêcher d'en recommencer la lecture. Quelle spirituelle fantaisie, quelle humoristique façon de présenter une chose sérieuse, quel détour hardi pour s'emparer de l'attention du lecteur et le forcer à réfléchir, quelle verve dans les détails !

C'est dans un genre de production bien différent

que nous devons placer *La Confession de Madame X...* Ici, l'imagination fait place au sentiment. L'auteur se fait l'interprète des regrets et des remords d'une mère de famille. Or, il excelle à exprimer l'intime pensée des femmes. Il comprend d'instinct leurs faiblesses, leurs dévouements, leurs défauts et leurs qualités. Il sympathise sans effort à leurs joies et à leurs douleurs.

Il connaît leurs endroits sensibles, il sait faire vibrer en elles la bonne corde. Il parle un langage qu'elles entendront toutes. Aussi, mettez entre les mains d'une mère de famille *La Confession de Madame X...*, et, si vous n'en faites pas une assurée, du moins, vous recruterez une amie de plus à l'assurance.

Si quelqu'un mettait en doute ce que nous venons de dire de la puissance d'intuition de Bergeron, pour le caractère et l'esprit de la femme, nous lui en donnerions pour preuve décisive le dialogue intitulé : *Entre femmes.* Ce sont bien là les femmes prises sur le fait. La vérité est telle qu'il semble qu'on entende une conversation reproduite à l'aide du phonographe.

L'indiscret appareil ne saurait mieux rendre

ces confidences de trois bonnes bourgeoises qui, se sachant seules, disent franchement leur pensée sur un sujet, à l'occasion duquel elles ont, d'ordinaire, l'habitude de la cacher.

Le Talisman et *La Pierre de touche* pourraient porter en sous-titre : *Variations sur les assurances à l'usage des gens du monde.*

De même que nous sommes toujours étonnés des effets inattendus et nouveaux qu'un compositeur sait tirer du plus insignifiant motif, de même, tous ceux qui liront l'une ou l'autre de ces brochures seront surpris de la nouveauté du moyen, de la verve de facture avec lesquels l'auteur a tiré parti d'un sujet qui semblait ne pouvoir être abordé qu'avec la sécheresse du mathématicien ou la solennité du moraliste.

Mais, si Bergeron savait se faire comprendre des artisans, des riches, des mères de famille, il s'entendait encore mieux à parler aux artistes, car il était artiste lui-même ; artiste par la plume, par les goûts, par l'indépendance d'allure, par les relations (Faut-il le dire aussi?), par l'insouciance.

Bergeron enseignant l'épargne et la prévoyance aux hommes de lettres, aux gens de théâtre, aux

peintres et aux musiciens, c'était la cigale prêchant
à des cigales.

. *La Providence des Artistes* en a sauvé plus d'un
de la misère des vieux jours.

Les dernières brochures de Bergeron, sont
Triomphe et Décadence d'un Tontinier et *L'Épargne
du Présent assure l'Avenir*.

L'une est une bluette comique et l'autre un
recueil de citations et de faits destinés à prouver que l'idée de l'assurance s'allie avec les convic-
tions les plus orthodoxes comme avec les principes
les plus administratifs et qu'elle a reçu la double
approbation des pouvoirs civils et religieux.

Elle est destinée aux prêtres et aux fonctionnaires.

J'en ai assez dit pour démontrer que, sous un
faible volume, les brochures de Bergeron forment une
bibliothèque complète pour les agents d'assurances.
Ils y trouveront toujours quelques pages appro-
priées aux besoins de chaque situation.

Nous l'avons vu, Louis Bergeron s'est essayé
heureusement dans plusieurs professions et a réussi
dans presque tous les genres de travaux littéraires.

Il débuta dans la vie par le professorat, le hasard

d'une ressemblance, qui faillit le faire condamner comme régicide, en fit un homme politique et, par contre coup, le lança dans le journalisme. Il devint tour à tour publiciste, vaudevilliste et fonctionnaire public. Il entra un moment dans la finance et consacra exclusivement les dernières années de sa vie à l'assurance. J'ai oublié de dire qu'entre temps il publia aussi un volume de fables satiriques et une histoire des campagnes d'Espagne et de Portugal.

Mais, au milieu de ces nombreux avatars, il ne trouva sa véritable voie qu'au moment où il se consacra tout entier à l'assurance et en fit à la fois une profession et un apostolat. Il fut des nôtres, en définitive, aussi bien par la vocation que par la durée de la collaboration et par l'importance des services rendus. C'est à ce titre que sa mémoire nous intéresse tous.

Presque tous ses amis politiques, l'avaient déjà précédé dans la tombe (1). Bien peu survivent qui rêvèrent, conspirèrent et combattirent avec lui pour les idées mystiquement libérales de son temps. Ces

(1) Pour rédiger cette notice, j'ai dû recourir à l'ouvrage de Louis Blanc et aux souvenirs des deux derniers amis de Bergeron, MM. Dumaugin et Nadar.

idées elles-mêmes ont aujourd'hui perdu leur valeur
aux yeux des nouveaux républicains ; elles étaient
trop entières, trop exclusives pour se plier aux
savantes manœuvres du parlementarisme actuel.
Elles manqueraient de souplesse. Surannées, elles
ne conservent plus qu'un attrait de curiosité
pour ceux qui aiment à suivre les transformations
de la pensée humaine et les filiations des théories
sociales.

Aussi il y a longtemps que le Bergeron politique
était mort.

Les articles de polémique courante ont une durée
aussi éphémère que les idées qu'ils représentent.
Il reste donc bien peu de choses de Bergeron
journaliste.

De ses pièces de théâtre, nous n'avons conservé
que les titres. Bergeron n'avait abordé la scène que
pour se distraire. Il n'était pas en droit d'en
attendre la renommée. Dans son temps, il se tint
pour largement récompensé par les bravos des
spectateurs.

Le Bergeron administrateur, proconsul de la
République, est encore bien plus oublié que les
autres.

En fonctions, il ne fit de mal à personne, il ne
persécuta aucun parti. Il vécut simplement,
s'efforçant de dissimuler son écharpe. Il se borna à
prêcher la concorde. Enfin, il ne s'enrichit pas. —
Il n'est pas de ceux dont parle l'histoire.

Heureusement la mémoire de L. Bergeron sera
précieusement conservée par la grande famille des
assureurs qui, tous les jours, se renouvelle et
s'augmente. C'est pour elle qu'il a écrit ses meilleurs
ouvrages, c'est au milieu d'elle qu'il a passé les
dernières années de son existence.

Il recevra ainsi le juste prix du talent et du
dévouement qu'il a mis à définir, à prôner, à
défendre, et surtout à faire connaître une œuvre
utile dont il avait senti toute la portée au point de
vue social et qu'il a su, mieux que tout autre avant
lui, présenter sous son aspect sentimental et
moralisateur.

Les œuvres modestes de sa vieillesse défendront
plus sûrement son nom contre l'usure des années
que les brillantes productions de sa jeunesse.

Ce livre, imprimé avec un grand soin typographi-
que, est un modeste mais durable monument que l'é-
diteur a élevé d'une main pieuse en l'honneur d'un

écrivain dont, mieux que personne, en un long commerce d'amitié et d'affaires, il a pu apprécier la droiture de caractère, la solidité de rapports, la bonté de cœur et la distinction d'esprit.

Pour n'être ni de pierre ni de bronze, il n'en atteindra pas moins le but auquel il est destiné.

Il ne parlera pas avec une ostentation publique à des yeux indifférents ; son rôle sera plus discret et plus intime. Il restera à la bonne place dans les bibliothèques de tous les assureurs et leur rappellera le premier auteur qui ait su mettre leurs opérations à la portée du public.

Une excellente photographie sortie de l'atelier de Carjat, remplacera le buste sculpté ; le piédestal sera formé des petits chefs-d'œuvre d'esprit et de sentiment que l'assurance inspira à Bergeron ; enfin, cette préface tiendra lieu d'inscription. Si elle n'a pas l'élégance et la pureté des inscriptions lapidaires, elle aura du moins le mérite de parler plus longuement de la personne et des qualités de celui qui en fait l'objet.

Ce livre mettra à notre portée un moyen de commémoration de tous les instants. Nous n'aurons qu'à tendre le bras et à l'ouvrir. Le plaisir que nous prendrons à ses pages constituera le plus sérieux hommage que nous puissions rendre à l'auteur.

Nulle couronne ne vaudrait mieux pour sa mémoire.

Nous devons des remerciements à M. Warnier, pour sa généreuse initiative. Il a voulu défendre de tous ses moyens ce qui survit d'une personnalité amie contre les atteintes de l'oubli, cet implacable second de la mort, ce suprême destructeur, qui n'a que trop souvent pour complice dans son œuvre la légèreté de nos idées et la fragilité de nos affections.

Ce n'est pas que sans cette édition le nom de Bergeron se fût promptement effacé de la mémoire de ceux qui s'occupent d'assurances. La chose eut été impossible, car comment apprendre, comment propager l'assurance sans avoir à la main une des brochures de Bergeron ? Mais ce qui eut disparu peu à peu, ce qui se fut altéré avec le temps, ce que les contemporains auraient oublié, ce que les nouveaux venus n'auraient jamais su, c'est le souvenir de l'homme même, de sa physionomie, de son caractère intime, de sa sympathique notoriété parmi nous, c'est la connaissance précise de la

valeur de l'écrivain et de la portée de son œuvre :
toutes choses que nous espérons conserver en
réunissant dans un seul volume cette note biogra-
phique et des brochures qui, jusque-là, avaient été
toujours publiées séparément et dont quelques-unes
étaient depuis longtemps introuvables.

V. F.

QU'EST-CE QUE

L'ASSURANCE

SUR LA VIE?

CHAPITRE PREMIER

QU'EST-CE QUE L'ASSURANCE SUR LA VIE ?

Père de famille, qui n'avez pas la certitude de pouvoir léguer aux êtres qui vous sont chers toute l'aisance que vous ambitionnez pour eux, si l'on vous disait, en vous indiquant une maison solidement cons- truite, bien située et d'un rapport certain :

— Vous serait-il agréable de léguer cette maison à vos enfants?

— Oui, sans doute, répondriez-vous, si j'étais en état de la payer.

— Si l'on ne vous en réclamait pas le prix, mais seulement l'intérêt, un intérêt viager proportionné à l'âge que vous avez aujourd'hui :

Moins de 2 1/2 °/₀ à 3o ans ;

Moins de 3 °/₀, si vous avez 35 ans ;

Moins de 3 1/2, si vous en avez 4o ;

4 1/2 si vous touchez à la cinquantaine ;

7 1/2 si vous êtes sexagénaire?

— Je pourrais faire ce sacrifice ; mais il viendrait toujours un moment où il faudrait que le capital fût payé par moi ou par mes enfants.

— Jamais, ni par vous, ni par eux.

— Mais si je mourais prématurément?

— Votre dette se trouverait éteinte avec vous ; ils seraient propriétaires sans avoir rien à débourser.

— Alors même que je n'aurais payé que trois ou quatre annuités?

— Alors même que vous n'en auriez payé qu'une seule. S'il vous survenait un accident le lendemain de la signature du contrat, ce contrat aurait son plein effet.

— Et si j'atteignais un âge avancé, comme j'ai lieu de l'espérer?

— Vous ne vivriez jamais assez longtemps pour avoir fait un mauvais marché.

— Je voudrais vous croire, mais cela me paraît trop beau pour être vrai.

— Rien n'est plus sérieux ; seulement, au lieu d'une maison qui, si bien édifiée qu'elle fût, serait exposée à des chances de dépréciation, supposez un capital de

20.000 francs, de 50.000 francs de 200.000 francs, selon l'importance de la prime annuelle qu'il pourra vous plaire de consacrer à cette constitution d'héritage :

Tel est le mécanisme de l'assurance sur la vie, applicable aux positions sociales les plus humbles comme aux plus élevées.

Sur mille maisons bien ou mal construites, combien doivent, en moyenne, échapper à l'incendie?

— Neuf cent soixante au maximum.

Sur mille hommes des plus robustes et des mieux constitués, combien doivent échapper à la mort?

Aucun.

Pourquoi donc assurez-vous votre maison et n'assurez-vous pas votre vie, qui est bien autrement précieuse et plus exposée?

CHAPITRE II

L'ASSURANCE SUR LA VIE EST-ELLE APPRÉCIÉE?

Cette bienfaisante institution jouit d'une immense faveur en Angleterre, depuis près de deux siècles, dans toutes les classes de la société. Grands et petits, riches et pauvres, tous ceux qui tiennent à quelqu'un ou à quelque chose sont assurés sur la vie.

Georges IV, le roi dépensier par excellence, s'était assuré pour douze millions de francs contre la chance de mourir insolvable.

Grâce aux augmentations successives du capital résultant de la participation aux bénéfices, il laissa de ce chef près de seize millions à ses créanciers.

O'Connell, le grand agitateur irlandais, malgré ses instincts de gaspillage effréné, prélevait chaque année sur la liste civile que lui avait constituée tout un peuple de contribuables volontaires, une prime d'assurance qui lui permit de garantir un brillant héritage à sa famille, sans avoir dérogé un seul instant à ses habitudes de vie princière.

Le marquis de Hastings augmenta de trois millions le patrimoine de ses héritiers au moyen d'une assurance sur la vie.

En 1863, un gentilhomme anglais, le duc d'Hamilton, dans la fleur de l'âge et doué d'une santé robuste, à qui tout semblait présager une longue existence, mourait accidentellement, à Paris, quinze jours après avoir contracté sur sa vie une assurance de deux millions cinq cent mille francs.

Le prince de Galles, héritier présomptif de la couronne d'Angleterre, a souscrit, au moment de son mariage, une assurance considérable au profit de sa femme, autant par un excès de précaution louable que pour se conformer à un usage généralement adopté. Il est rare, en effet, que le fiancé ne donne pas spontanément à la jeune fille qui va lui confier sa destinée ce témoignage anticipé de sollicitude et d'affection. S'il y manque, il est plus rare encore que les parents de la future ne lui en imposent pas l'obligation.

Le froid positivisme allemand, l'ardente exaltation italienne, ceux qui raisonnent avec la tête, ceux qui raisonnent avec le cœur trouvent également leur compte dans les combinaisons de l'assurance sur la vie.

Il existe depuis longtemps en Allemagne, en Belgique, en Suisse, en Italie et en Amérique, un grand nombre de Compagnies très florissantes.

En France l'idée a triomphé, comme y triomphe toute idée juste, c'est-à-dire lentement.

Les assurances sur la vie n'y ont pris un grand essor que depuis trente ans. En 1860, elles atteignaient à peine le chiffre de vingt millions de francs par an. Elles ont dépassé celui de quatre cents millions dans l'année 1890.

Les exemples n'avaient d'ailleurs pas manqué antérieurement, mais ils étaient restés inaperçus.

Un homme de cœur qui promettait à la France un financier, Louis Perrée, député et directeur du journal le *Siècle,* mourait à 34 ans, en 1849, léguant à sa famille le bénéfice d'un contrat d'assurances de cent mille francs.

Vers la même époque, un écrivain célèbre, dont la prévoyance était le moindre défaut, mais en qui la loyauté dominait l'insouciance, Frédéric Soulié, confiait à une Compagnie d'assurances le soin d'acquitter à sa mort une dette de soixante mille francs.

Quelques années plus tard, un célèbre économiste, Michel Chevalier, sénateur et professeur au collège de France, publiait dans le *Journal des Débats* une remarquable apologie de l'Assurance sur la vie, qui forme aujourd'hui l'introduction du *Patrimoine universel* (1) par Victor Borie.

Joignant l'exemple au précepte, M. Michel Chevalier s'était assuré, au profit de ses enfants, pour une somme de deux cent mille francs payable à son décès.

Nous pourrions citer un certain nombre d'autres noms bien connus. Bornons-nous à mentionner encore, parmi les précurseurs les plus fervents, un autre économiste très distingué, M. d'E...l (administrateur influent d'un des principaux établissements financiers de France), qui, malgré la solidité d'une fortune considérable, réserve à sa famille un dossier d'assurances déjà gros de plusieurs millions et dont l'importance s'accroît chaque année.

(1) 13e édition, à la librairie des Assurances, 48, rue Laffitte, Paris.

CHAPITRE III

L'ASSURANCE SUR LA VIE EST UN DEVOIR

L'assurance sur la vie est un devoir de conscience pour tout homme — artiste, médecin, avocat, ingénieur, écrivain, négociant, industriel, fonctionnaire public ou employé qui trouve dans son travail ou dans l'exercice de son art les ressources nécessaires à l'éducation et au bien-être de sa famille.

C'est commettre envers elle un acte d'égoïsme et d'insouciance coupable que de s'exposer à lui léguer, par une mort prématurée, la gêne et peut-être la misère si faciles à conjurer ; c'est assumer imprudemment la responsabilité morale des désordres que pourra engendrer cette misère, fardeau si lourd et si dangereux, surtout pour des personnes habituées à l'aisance.

Combien serait longue la liste des familles opulentes, ruinées subitement par le seul fait de la mort de leur chef, et réduites à l'aumône des loteries de bienfaisance et autres expédients philanthropiques, mendicité déguisée, toujours humiliante et rarement efficace !

Les fils se tireront d'affaire bien ou mal ; mais la veuve, mais les filles, que deviendront-elles ?

Le père de famille incertain du lendemain qui ne se sent pas frémir d'épouvante à cette seule pensée perdrait son temps à me lire. Je renonce à le convaincre.

L'industriel ou le spéculateur qui risque dans une entreprise une partie de sa fortune, ou, chose plus grave, de celle des autres ;

Celui qui contracte un emprunt temporaire en vue des bénéfices d'une opération dont sa mort compromettrait le succès ;

Le débiteur dont le travail et la loyauté sont la principale garantie de ses créanciers, garantie strictement subordonnée à son existence ;

Tous ceux enfin auxquels incombent des obligations non hypothéquées sur des gages matériels ne peuvent acquérir la certitude d'y faire honneur *dans tous les cas,* quelles que soient d'ailleurs leur intelligence et leur activité, qu'avec la garantie complémentaire d'une assurance sur la vie.

C'est pour eux une question d'honnêteté, un préservatif contre les chances de faillite posthume.

Le plus riche propriétaire foncier n'est pas à l'abri des inondations, de la sécheresse, du phylloxera, des mauvaises récoltes. L'assurance sur la vie s'impose à lui comme une garantie de sécurité nécessaire.

Les études de notaires et d'avoués, les charges d'agents de change et de courtiers de commerce perdent d'autant plus de leur valeur par la mort du titulaire que sa réputation d'honorabilité et de capacité n'est pas transmissible et que. pour la majeure partie des clients, tant .vaut l'homme, tant vaut la charge. Il n'est que sage de prévoir ces dépréciations et de les neutraliser d'avance par une assurance sur la vie. Si aucune dépréciation ne se produit, les primes payées auront servi à augmenter notablement la fortune de l'assuré, à l'encontre de ce qui a lieu pour les assurances contre l'incendie, la grêle, les sinistres maritimes.

Le père inquiet de l'avenir d'une de ses filles, compromis par la prodigalité, l'imprudence ou la malchance d'un gendre, pourra, *sans léser les intérêts de ses autres enfants,* prévenir les conséquences d'un désastre imminent, à l'aide d'une assurance réparatrice.

Et s'il craint pour ce second capital le sort de la dot gaspillée, il y substituera un contrat de rente viagère inaliénable.

L'assurance sur la vie convient aussi aux personnes charitables désireuses de doter des établissements de bienfaisance, de léguer un capital ou une rente à des amis ou à des vieux serviteurs. Un prélèvement viager sur leurs revenus donnera satisfaction à leurs aspirations généreuses sans préjudicier aux intérêts des héritiers légitimes.

CHAPITRE IV

L'ASSURANCE SUR LA VIE EST MORALE ET SALUTAIRE

Il ne manque pas de gens, même sensés, qui vous affirment très sérieusement que l'assurance sur la vie porte malheur, parce qu'elle est, disent ils, un manque de foi envers la Providence.

Adieu donc au proverbe: « Aide-toi, le ciel t'aidera », et vive le fatalisme! car ces pieux scrupules ne signifient pas autre chose.

Ne demandez pas à ces étranges logiciens par quelle anomalie ils se croient permis d'assurer leurs maisons et leurs récoltes contre l'incendie et d'appeler les pompiers au secours de la Providence quand le feu les menace. Ils vous répondraient que c'est bien différent.

— Pourquoi?...

— Parce que...

Il n'y a rien à répliquer à cela.

Mais à quoi bon réfuter un sophisme que ses auteurs démentent par leurs actes? car, quoi que vous disiez, vous pratiquez constamment l'Assurance sur la vie, comme M. Jourdain faisait de la prose sans le savoir:

Vous travaillez pour donner à vos enfants le pain de chaque jour : — Assurance contre la faim ;

Vous les couvrez de vêtements chauds en hiver : — Assurance contre le froid ;

Au moindre symptôme de malaise qui éveille votre sollicitude, vous appelez le médecin et vous leur prodiguez les remèdes qu'il prescrit : — Assurance contre la maladie ;

Vous faites des sacrifices, quelquefois très onéreux, pour leur donner une éducation solide : — Assurance contre l'ignorance et contre les infirmités morales qu'elle engendre ;

Enfin, vous vous appliquez à réaliser des économies, à augmenter votre patrimoine, vous hypothéquez le présent au profit de l'avenir des vôtres : — Assurance contre la misère, manque de foi envers la Providence.

Soyez-donc conséquent avec vous-même, et si l'assurance est un blasphème en action, croisez-vous les bras à la façon des fakirs, car vos mains n'ont plus rien à faire, et remettez-vous en à la Providence qui donne la pâture aux petits des oiseaux — du soin de nourrir, de loger, de vêtir, de médicamenter vos enfants — et de leur apprendre à lire.

Mais si le travail est la loi de l'humanité, si la prévoyance est une vertu, en quoi seriez-vous blâmable de prévoir que vous mourrez un jour ?

A moins que vous n'ayez la prétention d'être immortel !

Et si vous prévoyez qu'en effet il est possible que vous n'ayez qu'un temps à vivre, comment serait-il impie et immoral de conjurer, pour les êtres dont la Providence vous a délégué la tutelle, les conséquences funestes de votre désertion forcée ?

« L'assurance sur la vie porte malheur ! »

Ce sont les femmes principalement qui propagent cet insoutenable préjugé, car nous voyons trop souvent l'assurance sur la vie leur inspirer, de prime abord, une aversion superstitieuse ou froisser en elle des sentiments de délicatesse exagérée et irréfléchie. Telles d'entre elles, j'en suis convaincu, accepteraient courageusement la misère plutôt qu'une infraction à cette regrettable prévention.

Sont-elles mauvaises épouses ou mauvaises mères, celles qui s'obstinent dans une théorie dont les conséquences peuvent compromettre si gravement l'avenir de leurs enfants? Non, sans doute ; mais elles jugent sur des impressions erronées, elles condamnent sans connaissance de cause.

Je m'adresse aux mères vraiment dignes de ce titre, et j'en appelle de cette funeste répugnance à leur cœur et à leur raison.

L'assurance, dites-vous, porte malheur. S'il en était ainsi, vous n'auriez pas la peine de la combattre, car les

Compagnies qui pratiquent cette spécialité auraient tout profit à fermer leurs bureaux, la mort prématurée d'un assuré étant un sinistre pour elles comme l'incendie d'une maison.

L'expérience prouve, au contraire, que l'assurance sur la vie, loin de porter malheur est souvent un brevet de longévité pour le père de famille qu'elle arme, en face de la maladie, d'une sécurité morale favorable à sa guérison.

Demandez aux médecins si l'assurance sur la vie porte malheur, ils vous répondront qu'entre deux hommes de même âge et de même tempérament, atteints au même degré de la même maladie, ils ont dix fois plus de chances de sauver celui qui a pourvu aux besoins de sa famille que l'imprudent dont l'agonie est troublée par l'idée de la misère qui menace la sienne ; car, pour ce dernier, le remords du devoir accompli est une cruelle aggravation de souffrance et de danger.

Si le mal est sans remède, s'ils doivent succomber tous deux, l'un s'éteindra paisiblement, tranquillisé sur l'avenir des siens ; l'autre expirera au milieu des plus vives tortures morales, en songeant que, par sa faute, il emporte avec lui dans la tombe le bien-être de ceux qui lui sont chers.

Il est permis à l'épouse privée des joies de la maternité de se draper dans un sentimentalisme à outrance et de céder aux inspirations d'une terreur superstitieuse. Sa personnalité seule est en jeu, son imprudente abnégation est noble et respectable.

Qu'elle interdise à son mari la satisfaction de la garantir contre les chances de pauvreté qu'entraînerait pour elle le veuvage, nous n'avons rien à lui objecter, si ce n'est pourtant qu'on peut être une épouse loyale, affectueuse et dévouée, sans pousser la solidarité conjugale aussi loin que les veuves du Malabar qui, du reste, y regardent maintenant à deux fois.

Mais cette abnégation que l'épouse peut se permettre en ce qui la concerne seule, *est interdite à la mère*. Celle-ci manque au plus impérieux de ses devoirs en détournant son mari de l'assurance, qui serait peut-être l'unique sauvegarde de la famille ; elle y manque même en négligeant de lui en suggérer la pensée, s'il ne l'a pas.

Vienne la ruine, par le fait de son caprice et de son imprévoyance, et si la générosité de ses enfants lui fait grâce de tout reproche, même tacite, il lui restera un compte douloureux à régler avec un juge plus sévère, sa conscience.

Faisons justice d'une autre objection qui se produit souvent : « A quoi bon m'assurer ? » disent bien des gens : « j'ai des parents riches dont l'héritage reviendra tôt ou tard à mes enfants. »

Est-il prudent et surtout honorable de faire entrer

dans ses calculs la mort des autres, alors que, par un sentiment de secrète pusillanimité ou d'égoïsme, on s'applique à en exclure l'idée de la sienne ?

Et, d'ailleurs, ces parents à succession auront-ils la délicatesse de mourir à point nommé au moment où le besoin de leur héritage se fera sentir ?

Eh ! qui vous dit que la durée de leur existence ne laissera pas à votre fille orpheline le temps de succomber aux dangereuses excitations de cette mauvaise conseillère qu'on appelle la misère ?

Considérer l'avenir des siens et peut-être leur honneur comme suffisamment garantis par la perspective de la mort de ses proches, quand on n'a pas eu le cœur de l'assurer sur sa propre vie, voilà, ne vous en déplaise, la véritable immoralité.

CHAPITRE V

L'ASSURANCE SUR LA VIE EST LA MEILLEURE CAISSE

D'ÉPARGNE

Peu d'hommes, même parmi les esprits les plus faibles, oseraient alléguer, à l'appui de leur insouciance égoïste, des velléités de terreur superstitieuse pardonnables tout au plus à des femmes. Ils trouvent plus décent de contester les avantages offerts par les combinaisons de l'assurance sur la vie, et ils disent volontiers, d'un ton légèrement prétentieux : « J'ai plus d'intérêt à être mon propre assureur ».

Très bien, Monsieur !... Je ne mets pas en doute votre mérite : j'admets que la chance vous sera toujours favorable ; que vous saurez la fixer à force de prudence et de sagacité ; que vous arrondirez chaque année votre patrimoine dans une proportion de plus en plus satisfaisante.

Serez-vous aussi le propre assureur de votre existence ?

Vous êtes jeune, vous êtes robuste, du bois dont on fait les centenaires ; la maladie ni la médecine n'ont aucune prise sur vous. Ah ! tant mieux !...

Mais n'y a-t-il plus de tuiles aux toits sous lesquels vous passez ?

Sont-elles assurées contre le vent ?

Plus de cheminées suspendues sur votre tête ?

Plus de fluxions de poitrine dans l'air ?

Plus d'explosions de gaz ou de pétrole ?

Les chemins de fer ont-ils pris l'engagement inviolable de vous déposer toujours sain et sauf à la gare d'arrivée plus sûrement que les colis fragiles ?

Vous avez l'espoir bien fondé de vivre longtemps : je me plais à le partager et je m'en réjouis avec vous. Si

les Compagnies en jugeaient autrement, elles se garde-
raient bien d'accepter votre assurance.

L'illusion à cet égard est générale. Il est même des
gens qui se flattent de ne mourir jamais.

Un naïf orateur, appelé à l'honneur de prêcher devant
Louis XIV, eut la malencontreuse idée de commencer
son sermon en ces termes : « Nous mourrons tous un
jour ». Mais soudain, se ravisant, à la vue d'un fronce-
ment de sourcils olympien de son auguste auditeur, il
reprit : « Oui, je le répète, nous mourrons *presque tous* ».

Écartons comme peu vraisemblables les chances de
décès accidentel, qui ne sont, je l'admets, qu'un mauvais
numéro sur mille.

Ne suffit-il pas que, par une fatalité exceptionnelle,
ce numéro puisse vous échoir pour qu'il soit sage de
lui faire une part dans vos prévisions, lorsqu'il s'agit de
l'intérêt le plus sacré — la vie matérielle et morale de
votre famille ?

On ne devrait donc pas reculer, même devant des
conditions onéreuses, pour donner satisfaction à cet
intérêt. Tel est le sentiment qui détermine des pères
prévoyants à employer une partie de leur fortune en
achats de propriétés foncières en rapport de 3 et de
2 1/2 seulement, lorsque tant de placements plus avantageux en apparence, mais moins sûrs, sollicitent leurs
capitaux.

Ainsi, la cherté relative de l'assurance sur la vie ne serait pas un motif suffisant d'abstention.

Mais ce motif n'existe même pas.

Quel que soit l'âge de l'homme au moment où l'assurance lui est offerte, et quelle que puisse être la durée de son existence, il est certain, dans tous les cas, de ne pas faire une opération onéreuse.

Quel est le prix d'une assurance sur la vie ?... *De deux et demi à six pour cent* du capital garanti, selon l'âge du contractant.

Mais, direz-vous, si la perte de mon emploi, si une maladie chronique ou des revers de fortune ne me permettent pas de continuer le paiement des primes ?

L'assurance, après une durée de trois ans, est un titre de propriété indestructible. Si l'assuré cesse ses versements par cas de force majeure, ou par sa volonté, il peut, à son choix, céder ses droits à la Compagnie, moyennant un prix déterminé, qui lui sera payé comptant, ou réclamer une police libérée dont l'importance sera fixée d'après la valeur actuelle de son contrat.

L'assuré a aussi la faculté d'aliéner momentanément son titre, pour donner une garantie à un créancier inquiet ou pour réaliser un emprunt.

L'assurance sur la vie n'a donc pas le caractère d'un acte d'abnégation complète. Certes, le mobile principal qui la détermine est une inspiration de dévouement dont nous ne voulons pas rabaisser le mérite ; mais le contractant peut trouver lui-même dans sa bonne action des ressources pour les mauvais jours.

CONCLUSION

Les combinaisons de l'assurance sur la vie varient à l'infini et s'adaptent, comme nous l'avons dit, à tout âge et à toute condition.

Les principales, celles qui répondent le mieux au besoin de sécurité des pères de famille, sont *l'Assurance payable au décès*, à prime viagère ou temporaire, *l'Assurance à terme fixe* et *l'Assurance mixte.*

Cette dernière pourvoit à toutes les éventualités, et nous la conseillerions de préférence aux autres, si les primes n'étaient pas forcément trop élevées pour les personnes dont les ressources sont limitées. La constitution d'héritage (assurance en cas de décès) est beaucoup moins coûteuse.

En somme, l'Assurance sur la vie du père est la meilleure sauvegarde des familles. Aveugle qui en méconnaît les bienfaits, égoïste ou imprudent qui les dédaigne.

LA VÉRITÉ

SUR

LES TONTINES

LA VÉRITÉ

SUR

LES TONTINES

INDUMENT APPELÉES

ASSURANCES MUTUELLES SUR LA VIE

AVANT-PROPOS

J'attaque le système des tontines pour trois motifs que je soumets à l'appréciation de tout lecteur impartial :

1° L'expérience a démontré cruellement dans le passé, et continuera de démontrer dans l'avenir, que les résultats qu'elles peuvent donner sont, de toute nécessité, très inférieurs à ceux qu'elles promettent par la bouche de leurs apôtres, ou qu'elles laissent espérer ;

2° Les déceptions qu'elles ont causées au public qui s'est obstiné à confondre, bien à tort, ce jeu de hasard où l'on ne gagne jamais, avec l'*assurance sur la vie*, ont jeté le trouble même dans les esprits les plus éclairés, et entravé le développement de cette institution féconde et bienfaisante, qui sera tôt ou tard une des forces économiques de la France ;

3° Les nouvelles déceptions réservées fatalement aux adeptes trop crédules qu'elles recrutent encore, surtout dans les campagnes, où la lumière ne s'est pas faite sur leur triste passé, menacent d'imprimer à ce précieux instrument de crédit un nouveau mouvement de recul ou au moins un temps d'arrêt funeste.

Qu'importe, en effet, que les deux systèmes n'aient rien de commun qu'une homonymie mensongère, si le public s'obstine à les confondre dans une commune réprobation, si l'assurance sur la vie doit supporter la responsabilité des méfaits de la tontine ?

Il est donc urgent de faire cesser cette confusion.

A chaque système la responsabilité des ses œuvres.

CHAPITRE PREMIER

QU'EST-CE QUE LA TONTINE ?

Les opérations tontinières, qui ont usurpé le titre d'*assurances mutuelles sur la vie*, car le mot *assurance* ne peut s'appliquer qu'à une garantie certaine, indéniable, et la tontine ne garantit rien, sont une série de placements temporaires, en rentes sur l'Etat, à intérêts composés.

C'est le mécanisme de la Caisse d'épargne en communauté ; ce sont aussi les mêmes résultats modestes, *peu augmentés*, nous le prouverons, avec cette différence que les souscripteurs sont astreints à effectuer un versement unique ou des versements échelonnés, et ne peuvent ni en arrêter arbitrairement le cours sans subir la perte des intérêts échus et à échoir, ni retirer leur quote-part avant les époques déterminées par le contrat.

Les sommes versées sur la tête des enfants qui meurent antérieurement à la liquidation profitent (capi tal et intérêts) aux survivants.

Il en est de même des intérêts affectés à toute souscription interrompue par une cause quelconque avant l'expiration du délai fixé.

Cette combinaison est très séduisante au premier abord, et il n'est pas surprenant que des Compagnies honorables en aient organisé autrefois l'application avec la conviction d'entreprendre une œuvre simultanément avantageuse pour le public et pour elles-mêmes, et que des hommes consciencieux leur aient prêté le concours d'une propagande sincère.

La réflexion n'est venue que plus tard, quand la triste réalité a réduit à leur véritable valeur les espérances chimériques dont on s'était bercé de bonne foi.

L'honnêteté du principe est incontestable ; nous ne discuterons que son efficacité sur laquelle, après trente-cinq ans d'expériences constamment malheureuses, l'illusion n'est plus permise.

CHAPITRE II

LES APPARENCES

Elles sont brillantes et de nature à tenter l'ambition des familles justement soucieuses de l'avenir de leurs enfants.

Les tables de la mortalité générale en France, établies par Duvillard, en 1806, présentent ce résultat :

Sur un millier d'enfants pris à la naissance, 502, soit la moitié seulement, plus une minime fraction, doivent atteindre la vingtième année.

Aux yeux des spéculateurs, disposés à envisager sous son aspect le plus séduisant toute éventualité favorable à leurs désirs, ce massacre d'innocents impitoyablement consommé par la statistique est un spectacle plein d'attraits. Songez-y donc !... Une moitié des convives disparaissant avant l'heure du festin, après avoir payé leur écot !... Voilà déjà la part des heureux survivants presque doublée.

Retranchez du nombre de ces élus ceux qui devront se contenter des miettes parce que leurs familles, soit sous l'empire d'une gêne imprévue, soit par manque de persévérance, auront cessé leurs versements (il s'en trouvera bien un cinquième dans ce cas), quel gala pantagruélique pour les favorisés du sort! comme ils devront bénir la Providence qui leur aura ménagé cette bonne fortune édifiée sur la mort des uns et sur la ruine des autres!

Ces quatre cent quatre-vingt-dix-huit décès prématurés auront coûté bien des larmes à bien des mères, mais, bast, chacun pour soi, Dieu pour les heureux!

Le principal est que votre fils ou votre fille ait échappé à cette grande hécatombe humaine et qu'un flot protecteur l'ait porté sain et sauf sur le rivage pour lui permettre de réclamer sa part des opulentes épaves délaissées par les naufragés.

Car, quel que soit le nombre des passagers qui auront péri durant le cours de la traversée, la cargaison offerte en proie aux survivants se retrouvera tout entière (1).

Additionnez tous les versements accumulés, ajoutez à votre calcul les intérêts de toutes ces sommes et les intérêts des intérêts capitalisés durant vingt ans, et demandez-vous si l'ampleur du butin n'est pas suffisante

(1) Sauf le *fret*, ou les *droits de gestion*, qui ne se retrouveront jamais.

pour couvrir les scrupules d'une sensiblerie hors de
saison. Il est si facile de se consoler du désastre des
autres quand on y trouve une source de richesse pour
ceux qu'on affectionne !...

CHAPITRE III

LA RÉALITÉ

Eh bien, non ! ne vous hâtez pas de vous réjouir.
Cette perspective éblouissante n'était qu'un mirage
trompeur.

Comptez vos morts, vous verrez que la statistique
vous avait fait trop bonne mesure, et qu'il y a gros à
rabattre de ses promesses.

Ce qui était vrai il y a soixante ans, en fait de mortalité générale, a cessé de l'être aujourd'hui. Grâce à
l'augmentation considérable de la richesse publique, et
à la dispersion de cette richesse concentrée jadis presque
entièrement entre les mains de quelques milliers de
familles ; grâce aux progrès de l'agriculture, de l'industrie, de la mécanique, de la thérapeutique et de l'instruction, un bien-être relatif a pénétré jusque sous les
toits les plus humbles.

Les conditions premières de l'existence, l'habitation,

la nourriture, le vêtement, l'hygiène, se sont améliorés sensiblement, et la mortalité générale s'est ralentie dans une proportion consolante pour l'humanité, sinon pour les propagateurs des tontines.

Un autre statisticien, Deparcieux, élaguant de ses calculs, comme indigne d'être comptée, la partie la plus pauvre de la population, avait évalué en 1746 cette mortalité, de la naissance à vingt ans, à près de 41 p. 100. C'était déjà un rabais anticipé de 9 p. 100 sur les prétentions infanticides de Duvillard.

Mais cette concession n'est pas le dernier mot. Depuis cent trente ans, les progrès de la civilisation et de la science ont porté, comme nous l'avons dit, de rudes atteintes à ces deux quotients trop complaisants. Jenner, lui seul, en neutralisant par la vaccine les ravages jadis si meurtriers de la petite vérole, a frustré les probabilités tontinières de leur auxiliaire le plus puissant.

Un document officiel publié par l'*Almanach des Assurances* de 1868 constate que la durée moyenne de l'existence, en France, qui n'était que de trente ans en 1817, époque déjà si favorisée relativement à celle où écrivait Deparcieux, s'élève aujourd'hui à trente-huit ans. Appliquez proportionnellement cette différence aux vingt premières années et jugez de l'importante diminution qui en résulte dans le chiffre des décès.

L'*Annuaire du Bureau des longitudes* pour 1867 évalue à un million cinquante-huit mille deux cent quarante-sept les naissances qui ont eu lieu en France en 1863. Le nombre des enfants mort-nés, ou décédés dans les vingt-quatre heures, est de 45,453 ; autant de bons numéros perdus, car aucune de ces créatures éphémères n'a pu recevoir le baptême de la tontine.

CHAPITRE IV

RÉPARTITION DE LA MORTALITÉ

Deparcieux estime que, sur 1,359 têtes, 545 doivent disparaître dans le cours des vingt premières années.

L'exagération de ce bilan mortuaire, déjà choquante relativement au temps présent, l'est bien davantage si on l'applique spécialement à la clientèle des tontines.

Cependant, nous pourrions nous passer la fantaisie de l'admettre comme exact sans que leur cause en fût de beaucoup améliorée.

Dans cette hypothèse toute gratuite, il serait permis d'espérer des résultats satisfaisants, si la majeure partie de ceux qui meurent atteignent un âge moyen qui laissât à leurs familles le temps de grossir, par huit, dix ou quinze versements successifs, l'héritage dévolu aux survivants.

Loin de là, Deparcieux estime que sur les 545 décès si libéralement promis, 267, soit près de la moitié, doivent échoir la première année, alors qu'il n'aura été versé qu'une seule prime, si elle l'a été, car on a les douze mois devant soi pour effectuer ce versement.

Si nous y ajoutons les décès des quatre années suivantes s'élevant à 122, nous aurons, au bout de cinq ans, 389 décès sur les 545 portés à l'avoir des survivants. Il ne restera donc plus au crédit de la mort que 156 têtes à répartir sur les quinze autres années, soit une moyenne de 10 têtes et un tiers par année. Et cela sur un chiffre de 1,359 souscripteurs.

Il est certain que la plupart des parents, sachant combien la mortalité est active dans les premiers temps, s'abstiennent de courir la chance d'un engagement trop prompt, qui doit être sanctionné par le payement immédiat des droits de gestion, et trouvent plus prudent de payer plus tard un supplément de cotisation que d'affronter la dangereuse épreuve de la première; souvent même des deux premières années. Voilà donc les 267 décès de la naissance à un an réduits presque à zéro, et les 49, de un à deux ans, fortement ébréchés.

D'autres, plus timorés, attendent la cinquième ou la sixième année. Leur charge sera plus lourde, il est vrai, mais sans profit pour leurs devanciers, car les tontiniers de la dernière heure sont des parasites qui se gardent bien de manquer à l'appel au moment du partage.

Objectera-t-on que les parents n'ont pas à redouter la perte de versements hâtifs, puisqu'ils peuvent s'en faire garantir le remboursement, en cas de décès de l'enfant, au moyen d'une contre-assurance, combinaison qui d'avance absorbera le plus clair des bénéfices futurs? Mais cette contre-assurance, en raison de sa cherté d'autant plus grande que l'enfant est plus jeune, contribue moins souvent à vaincre leur hésitation qu'à la prolonger.

Ils ne se décideront que le plus tard possible, et ils feront bien ; ils feraient mieux de ne pas se décider du tout.

Les enfants sur la tête desquels on contracte une longue série de placements sont tous bien constitués, et présentent des garanties sérieuses de longévité. Si riche qu'on soit, on ne commettrait pas l'imprudence de risquer de nombreux versements sur la tête d'un avorton ou d'un être rachitique.

Ces enfants appartiennent tous à des familles sinon fortunées, douées, du moins, d'une certaine aisance. Issus de parents dont le sang n'aura été vicié ni par l'excès d'un travail insalubre, ni par les privations, ni par l'intempérance, ils seront confiés à des nourrices choisies parmi les plus robustes et les plus saines.

On ne se bornera pas à combattre énergiquement la maladie si elle les attaque, on emploiera tous les moyens que l'hygiène conseille pour la prévenir.

Qui oserait prétendre que ces êtres privilégiés n'ont pas deux fois plus de chance de longévité que les chétifs rejetons des familles pauvres ?

Certes, ils ne survivront pas tous, mais ils déjoueront cruellement les calculs de la statistique générale, passée et présente.

Il s'en trouvera, sans doute, un certain nombre, dont le tempérament se modifiera d'une façon alarmante. Pour rassurer les parents à cet égard, en leur offrant une chance de retirer leur épingle du jeu le jour où il pourrait être dangereux de continuer la partie, on a imaginé de les autoriser à faire liquider leur masse tous les sept ans. Voilà donc une porte de salut ouverte à ceux dont la santé compromise présagerait le décès prochain, et à ceux que la gêne ou le découragement de leur famille menacerait d'une déchéance. C'est ingénieux, c'est humain, c'est charitable, mais, où les survivants trouveront-ils des os à ronger, si les invalides leur faussent ainsi compagnie ?

En vérité, tout est inconséquence et contradiction dans ce pauvre système. Les deux tiers des gens qu'on tue à coup de prospectus dès le prologue, se portent à merveille au dénouement, comme dans les mélodrames de l'Ambigu-Comique, et ceux qui se sentent quelque velléité de mourir véritablement passent à la caisse et reprennent leur argent. *Morituri te salutant !*

C'est grotesque.

CHAPITRE V

DROITS DE GESTION ET CONTRE-ASSURANCE

Si, comme dans les contes de fées, quelque mauvais génie, se faisant un malin plaisir de contrarier les instincts de prévoyance des pères de famille, avait choisi les tontines pour objet de ses maléfices, il n'aurait pu inventer rien de mieux que les droits de gestion et la contre-assurance.

Que penseriez-vous d'un employé qui, sous prétexte qu'il pourra rester vingt ans à votre service, réclamerait d'avance, dès son entrée en fonctions, vingt années d'appointements ? Vous répondriez, en haussant les épaules, que tout salaire ne se paye qu'autant qu'il est gagné ; qu'en vingt ans il peut survenir bien des changements, et que, dût-il en être autrement, vous ne voulez pas faire un marché de dupe. Il y aurait folie, en effet, à verser d'avance, sans aucune bonification, une somme qui, entamée d'un vingtième seulement chaque année, vous produirait, en vingt ans, une moyenne d'intérêt de dix ans sur l'ensemble.

Cette exigence monstrueuse que l'homme le plus effronté n'oserait manifester sérieusement, paraît toute naturelle aux entrepreneurs de tontines qui l'imposent, et, chose plus curieuse, aux souscripteurs qui ont la bonhomie de l'accepter.

Sous prétexte qu'elle pourra gérer vos versements présents et futurs pendant vingt ans, la tontine perçoit, au moment de la souscription, un droit de 5 p. 100 (1) pour ses frais de gestion, sur le chiffre total de vos engagements, de telle sorte que vous payez double la première annuité.

Ce versement supplémentaire effectué intégralement, en une seule fois, représentera, au bout de vingt ans, par le cumul des intérêts, une somme presque triple qui sera, quoi qu'il advienne, perdue pour vous.

Ce n'est donc pas de 5 p. 100, mais en réalité, de 13 à 14 p. 100 que vous aurez grevé par avance le montant de votre souscription.

(1) Cinq pour cent, c'est *un vingtième* ; or les souscriptions étant généralement de vingt ans, les droits de gestion équivalent à un versement. — On croit avoir fait son premier versement, on n'a versé que les droits de gestion. — C'est très ingénieux !...

Ce sera un impôt exorbitant si l'enfant survit, mais ce sera bien pis encore si vous avez la douleur de le perdre la première année : vous aurez alors payé, non pas 5, mais bien 100 p. 100 de droits d'une gestion qui désormais ne s'exercera plus pour vous.

L'enfant meurt, la tontine ne rend pas.

Toute peine mérite salaire, mais le salaire doit cesser avec la peine. Que la tontine, si elle trouve que c'est trop peu de 5, réclame chaque année 10 p. 100 de tout sociétaire survivant, ce sera souvent moins coûteux et toujours plus équitable.

La contre-assurance n'est guère moins funeste.

Un proverbe dit que donner et retenir ne vaut.

Bon nombre de parents veulent bien aventurer une certaine somme pour prendre un billet à cette loterie veuve de gros lots qu'on appelle tontine, mais à condition de ne pas la perdre.

Le moyen le plus sûr serait de ne pas la risquer.

Pour concilier deux prétentions inconciliables on a imaginé la contre-assurance.

Elle dit aux pères de famille irrésolus : « Donnez-moi immédiatement, ou en cinq annuités égales, 8 ou 9 p. 100 du montant non-seulement des sommes que vous verserez présentement, mais encore de celles que vous pourrez verser durant le cours du contrat. Si l'enfant meurt avant l'âge de vingt ans, je vous rem-

bourserai le capital non pas des vingt annuités en vue
desquelles vous m'aurez payé, ce qui pourrait constituer
pour vous un bénéfice immoral, mais simplement
l'annuité ou les annuités versées jusqu'au jour du décès.
Par ce moyen vous n'aurez perdu que : 1° les droits
de gestion, à moins que vous ne les ayez contre-assurés
aussi moyennant un supplément de supplément ; 2° le
montant de la contre-assurance ; 3° les intérêts de ces
divers déboursés.

« Votre perte se trouvera donc réduite de beaucoup ».

Eh oui ! Mais, si l'enfant vit, est-ce que tous ces
frais et faux-frais, versements et contre-versements
n'auront pas aussi réduit de beaucoup son gain ? Ne
comprenez-vous pas que, par ce luxe de précautions
onéreuses, vous détruisez d'une main ce que vous
prétendez édifier de l'autre ? Ne voyez-vous pas que
vous vous épuisez en sacrifices stériles pour aboutir,
en fin de compte, à une perte assez importante si
l'enfant succombe, ou au bénéfice le plus mesquin s'il
a survécu.

Est-ce bien la peine de se gêner durant vingt ans
pour obtenir un pareil résultat ?

CHAPITRE VI

DU PLACEMENT DES FONDS

Trouverez-vous du moins une compensation suffisante à ces sacrifices multiples dans l'emploi sûr, intelligent et lucratif de vos versements?

Jugez-en :

Les véritables Compagnies d'assurances sur la vie offrant au Gouvernement et au public la garantie d'un capital considérable, ont l'autorisation de se livrer à un certain nombre, très sagement limité d'ailleurs, d'opérations financières non moins sûres qu'avantageuses, savoir : souscriptions aux emprunts de l'Etat, acquisitions de rentes françaises, de nues-propriétés et d'usufruits, d'obligations de chemins de fer et de canaux français, et enfin, achats et constructions de propriétés immobilières. Leur conseil d'administration, choisi parmi les principaux actionnaires, décide de l'opportunité des placements qu'il est maître d'empêcher ou de retarder en attendant les occasions favorables. Il peut même faire vendre avec bénéfice dans les jours de hausse, et racheter à plus bas prix, toujours au comptant, quand les cours fléchissent.

Un seul mode de placement est permis à la tontine : la conversion en rentes sur l'État des sommes qu'elle reçoit, et cette conversion doit être réalisée au nom du souscripteur dans le délai rigoureux de dix jours.

On sait combien les fluctuations de la rente sont brusques et fréquentes, même dans les moments de calme. Il suffit bien souvent, pour les produire, d'un simple caprice ou d'un accord dolosif de la spéculation.

Le gérant subit fatalement la bonne comme la mauvaise chance de ces revirements, Si la baisse domine au jour fixé pour l'acquisition, tant mieux !... Si c'est la hausse, une hausse factice, exagérée, éphémère, tant pis ! Il faut acheter, non pas la semaine prochaine, où les cours seront probablement bien moins élevés, non pas demain, mais aujourd'hui même.

Et l'acquisition faite, s'il survenait un surcroît de hausse, il ne pourrait en profiter, car toute vente lui est interdite. Les titres, une fois acquis, coûte que coûte, sont immobilisés.

Il en résulte qu'ils ne courent pas le risque de disparaître entre des mains infidèles, mais ils pourront subir avec le temps une dépréciation funeste, et alors vous auriez tort de crier au scandale ! comme l'ont fait tant de gens cruellement déçus aux jours néfastes des tontines. Vous serez peut-être gravement lésé, mais non frustré, ce qui est une faible consolation. Vous ne devrez, le cas échéant, vous en prendre qu'aux vices du système et non à ceux qui l'auront pratiqué — le plus honnêtement du monde — à vos dépens.

Les placements en rentes sur l'État ne sont avantageux qu'aux époques de baisse exceptionnelle. Réalisés forcément à jour fixe, leur opportunité dépend du hasard — un aveugle qu'il n'est pas prudent de prendre pour guide.

N'attendez donc qu'un produit bien mince de vos capitaux et ne vous leurrez pas de l'espoir chimérique de vingt ans d'intérêts cumulés sur l'ensemble, car vingt annuités successives représentent à peine une moyenne d'intérêts de dix ans.

CHAPITRE VII

DE LA RÉPARTITION

La vingtième année est expirée : bénis soient Dieu et la tontine ! Votre fille a franchi le cap des tempêtes, et vous n'attendiez que ce bienheureux moment pour la marier. Quant à sa dot, la tontine va vous la fournir, et vous vous applaudissez de votre prévoyance.

Avec une Compagnie d'assurances les choses se passeraient ainsi. Somme due, somme payée, Mais il n'en est pas de même avec la tontine.

Ne soyez pas si pressé, et renvoyez les violons à l'année prochaine.

Vous avez six mois pour produire vos pièces, pas un jour de plus, ni de moins. Si, sur la foi de vos droits acquis, ou par suite d'un empêchement involontaire, fût-ce un cas de force majeure bien constaté, vous omettiez l'accomplissement de cette formalité, votre enfant serait rayée administrativement de la liste des vivants et déshéritée tant des intérêts que du principal.

Le deuxième semestre sera consacré à l'inventaire, au dépouillement des titres, à la répartition proportionnelle, entre les survivants, des capitaux et des intérêts acquis à la masse commune. Ce travail, dont les complications sont infinies, permettra à votre fille d'attendre philosophiquement sa majorité.

Enfin, votre sort, mystérieux jusqu'alors, vous sera connu : vous recevrez un coupon de rente qu'il vous faudra négocier par voie d'agent de change, au cours du jour, bon ou mauvais, — je vous le souhaite bon ! — si les stipulations du contrat, l'acquisition du trousseau, ou les frais de la noce exigent cette réalisation.

Quelle sera l'importance relative de ce bienheureux coupon ? Vous pourriez mettre en doute mon appréciation. Je cède la parole à une Compagnie fort honorable, qui me paraît, elle aussi, passablement désenchantée des résultats tontiniers (1), car ainsi que deux de ses aînées non moins honorables, elle préconise dans ses annonces les combinaisons de l'assurance à tarifs fixes.

En effet, la tontine ne bat plus que d'une aile : les Compagnies sérieuses qui l'avaient épousée de confiance, sur la foi d'apparences trompeuses, aspirent au divorce depuis que l'expérience leur a permis d'apprécier l'incurable gravité de ses vices rédhibitoires.

J'ai sous les yeux un tableau publié par la Compagnie en question sous ce titre : *Associations de 1843 à 1864. — Résultats obtenus par divers souscripteurs.*

Elle prend dans le tas vingt-cinq sociétaires triés, au moins en partie, parmi les plus favorisés dont la souscription a été effectuée en un versement unique, ou peu de jours après la naissance, ce qui leur donne des droits relativement très supérieurs à ceux du commun des martyrs.

Les sommes déposées au compte de ces vingt-cinq privilégiés s'élèvent à 68.510 40

Ajoutez-y 5 p. 100 pour frais de gestion 3.425 50

Puis 8 p. 100, prix moyen de la contre-assurance. 5.488 05

Total des versements 77.423 95

(1) Les Compagnies auxquelles l'auteur fait allusion ont renoncé complètement aux opérations tontinières depuis plusieurs années. (*Note de l'éditeur*).

L'ensemble des sommes à répartir s'élève, d'après ce tableau, à 160.376 38

Retranchez les sommes versées. . 77.423 95

Il restera pour intérêts cumulés et bénéfices sur les décès et les déchéances. 82.952 43

C'est-à-dire un peu plus du double des versements bruts.

Si c'est là tout ce que vous espériez en rémunération de vingt et un ans de sacrifices aléatoires, et peut-être de privations, je m'incline devant votre résignation ; mais, franchement, avouez qu'on avait promis et que vous attendiez beaucoup mieux.

Et pourtant, sans révoquer en doute la sincérité de ladite Compagnie, il est permis de croire qu'elle a mis une certaine coquetterie à ne montrer que le dessus du panier.

CONCLUSION

Avons-nous donc fait un mauvais placement ? demanderont avec anxiété des pères de famille compromis dans les combinaisons tontinières. — Mauvais ? Non. Un pauvre placement, oui, sans aucun doute.

Si vous n'avez entrevu dans la tontine qu'une caisse

d'épargne devant vous rendre votre argent accru des intérêts capitalisés, dormez tranquilles, elle vous le rendra fidèlement... à moins que la rente n'ait subi une baisse telle, au moment de la liquidation, que vos coupons ne représentent une somme inférieure au capital versé, comme cela s'est déjà vu et pourra se voir encore.

Mais, si on a fait miroiter à vos yeux votre contrat comme une sorte de talisman dont vous puissiez attendre monts et merveilles, il n'est qu'un mot pour qualifier vos illusions: elles sont folles.

Je dirai aux pères de familles dont on sollicite la souscription: Ne me croyez pas sur parole, mais ne croyez pas davantage ceux qui tentent de vous éblouir par de belles promesses. Vous avez un moyen de contrôle bien facile: écrivez au directeur de la tontine en lui demandant la confirmation ou la négation de ses promesses. Il vous dira loyalement la vérité.

Je recommande non moins vivement cette salutaire précaution à MM. les maires et aux secrétaires de mairie des communes rurales qu'une bienveillance irréfléchie porte trop souvent à propager parmi les administrés les bienfaits négatifs de la tontine.

Il y aurait de leur part une légèreté vraiment coupable à s'affranchir de ce cas de conscience.

Une dernière réflexion.

Le minotaure tontinier a surtout exercé ses ravages
depuis 1830 jusqu'à 1860. Il a dévoré en partie, quelques fois en totalité, dans cette période de trente ans,
les économies d'une multitude de familles. Parmi l'in-
nombrable troupeau d'enfants dont l'avenir lui a été si
malencontreusement confié, il en est peut-être deux
cent mille aujourd'hui qui sont devenus pères à leur
tour. Je défie qu'on en trouve (à l'exception des serviteurs ou subordonnés d'entrepreneurs de tontines) (1),
je ne dirai pas cent, pas vingt, pas dix, mais un seul
qui ait eu l'idée saugrenue d'*entontiner* ses enfants.

S'il m'était démontré que ce phénomène existe, je
réclamerais en sa faveur une consultation de médecins
aliénistes.

(1) Et encore!.. Ces messieurs en général se gardent bien de
prêcher d'exemple ; il est rare de les voir pousser le fanatisme jusqu'à
s'immoler eux-mêmes sur l'autel de la tontine.

UN RÈVE

DE

BANQUIER PHILANTHROPE

UN RÊVE
DE BANQUIER
PHILANTHROPE

Si un financier de premier ordre, et d'une solvabilité indiscutable, M. de R........, par exemple, pris subitement d'un accès de philanthropisme aigu, se disait un beau jour :

« J'ai assez travaillé, et assez heureusement, Dieu merci! pour mon compte, et pour celui de ma postérité.

« Je veux désormais consacrer mes petits talents et ma modeste expérience à gérer, en bon père de famille, conjointement avec mes économies, celles de cet excellent public qui a si gracieusement contribué à l'édification de ma fortune.

« Il ne sait que faire de son argent, — quand il en a — et il l'échange, trop souvent, contre des valeurs d'un maigre rapport et sujettes à caution.

« Guéri radicalement, trop radicalement, hélas ! de

l'épidémie des titres étrangers, veut-il confier son argent à la terre, elle lui rapporte 2 1/2 pour cent, trois au plus, quand le fermier paie ; ce n'est guère.

« S'adresse-t-il à la Banque de France, elle ne lui donne rien : c'est trop peu. Dieu sait pourtant ce qu'elle encaisse à ce prix !

« Versera-t-il son trop plein dans le sein du banquier de sa localité ? Celui-ci, dont la caisse, exubérante à l'extérieur, sonne creux peut-être, se récriera contre la pléthore de capitaux dont il est obsédé, à n'en savoir que faire, et consentira, par faveur spéciale, à recevoir au taux de 3 ou 3 1/2 pour 100, des fonds qu'il prêtera à 8. à 10 et à 12 pour 100, en s'entourant de garanties tellement rigides qu'il serait peut-être bien embarrassé lui même d'en fournir de semblables.

« Mais il sait bien qu'on ne lui fera pas l'injure de lui en demander.

« Aussi est-il toujours certain, s'il a été mordu secrètement par le boa constrictor de l'agiotage, de pouvoir sombrer dans la tourmente d'une liquidation de Bourse désastreuse… — pour ses clients, — sans que sa personne ou sa cargaison particulière en reçoive une atteinte bien sensible. Il en est même qui jouent à *qui perd gagne*, s'il faut en croire la *Gazette des Tribunaux*.

« Un voyage hygiénique en Suisse, ou une exploration artistique en Grèce, et l'opération est liquidée.

« Cela se voit aussi quelquefois.

« Quant aux banquiers parisiens, mes très aimables confrères, je parle de ceux qui se bornent aux affaires de banque et se tiennent sagement à distance de la spéculation comme de la peste, ils présentent généralement plus de surface et ils ont bien rarement intérêt à mettre la clef sous la porte. Mais ce sont de simples marchands d'argent, qui achètent au plus bas prix possible pour revendre aux taux les plus élevés qu'ils puissent obtenir. On n'est pas parfait.

« Ils sont d'ailleurs dans leur droit, et si je leur en faisais un crime, je devrais peut-être, en y regardant bien, commencer par me frapper la poitrine, ce qui serait malsain.

« Se présente-t-on chez eux pour solliciter un escompte de valeurs ou une ouverture de crédit ?... Ils entament une antienne douloureuse sur la rareté du capital, qui se cache on ne sait où (je le sais bien, moi), et sur l'immense difficulté de s'en procurer même avec les meilleures signatures.

« Si vous descendez au dernier rang de la hiérarchie argentifère, vous trouverez des camelots qui vous exhiberont, sous le sceau du secret, des reconnaissances du mont-de-piété constatant l'engagement récent de leur montre, ou de leur argenterie Ruolz, pour exaucer les supplications d'un client menacé d'une

ruine complète faute de deux cents francs. Ils finiront
néanmoins par vous satisfaire si vous y mettez le prix.

« Venez-vous, au contraire, réclamer un asile hos-
pitalier et productif pour une liasse respectable de billets
de mille francs, ou pour un rouleau d'or d'une longueur
égale à celle d'un bâton de maréchal de France ? —
Autre refrain. — Il y a pluie d'or, comme au temps
de Jupiter et de Danaé, l'argent surabonde, la caisse
déborde ; cependant par pure obligeance et *parce que
c'est vous*, on se résigne à accepter votre magot à
3 pour 100, mais au moins pour un an.

« Qu'il vous survienne, la semaine suivante, un
impérieux besoin d'argent, on se décidera à vous prêter,
pour soixante-dix jours, quatre-vingt-dix au plus, une
partie de votre capital, toujours *parce que c'est vous*,
moyennant 6 ou 7 pour 100, et à la condition expresse
que vous ne direz rien à personne de cette faveur
exceptionnelle.

« Je romps à jamais tout pacte avec ces errements
égoïstes.

« A dater de ce jour, foi de Baron, je traiterai les
affaires en gentilhomme. Noblesse oblige, morbleu !...

« Je prétends, moi qui n'ai jamais été révolution-
naire en principe, opérer une révolution complète dans
les traditions passées et présentes de la Banque.

« Voici en quoi consiste mon idée :

« J'ai remarqué qu'en général la Mort entrave toutes les transactions, qu'elle est la cause la plus active du déclassement, et la meilleure nourricière du paupérisme.

« En détruisant les espérances les mieux fondées, en bouleversant les projets les plus sages et les mieux conçus, elle paralyse l'esprit d'entreprise, elle nuit au développement du crédit, compromet la stabilité des fortunes, et entretient une perturbation continuelle dans la société.

« Souvent la ruine entre avec elle dans les familles : alors l'éducation des enfants reste inachevée et leur établissement est manqué.

« La crainte qu'inspire cette affreuse mégère empêche les capitalistes les mieux intentionnés de commanditer l'homme le plus honnête, lorsqu'il n'a pour garants que son activité, son talent et sa bonne santé.

« Considérant, en outre, que la Mort favorise le célibat, et tous les désordres qui s'ensuivent en s'opposant à l'union des jeunes filles bien dotées avec les jeunes hommes pauvres mais honnêtes, qui ne demanderaient pas mieux que de les épouser :

« J'ai résolu, ne pouvant supprimer radicalement la cause de tous ces maux, d'en neutraliser du moins les effets par l'organisation d'une vaste association qui aura pour but : *Premièrement*, de centraliser l'épargne et de la faire fructifier ; *Secondement*, de garantir à chacun le capital qu'il veut laisser à sa mort, absolument comme s'il était sûr :

« 1° De vivre assez longtemps pour le former pour lui même ;

« 2° De placer toujours ses fonds de la manière la plus avantageuse et la plus sûre.

« En conséquence, j'ai arrêté et arrête ce qui suit :

ARTICLE PREMIER

« Je recevrai en dépôt toutes les sommes qu'il plaira à tout venant de me confier.

ARTICLE II

« Mes dépositaires, dont le nombre sera illimité, formeront avec moi une vaste association, sous cette condition, pourtant, que j'assumerai sur moi seul toutes les chances de pertes, tous les risques et même tous les frais de l'entreprise, ce qui ne m'empêchera pas de leur faire une part dans mes bénéfices.

ARTICLE III

« Je n'exigerai d'eux aucun diplôme, aucun certificat

de capacité, la mienne devant suffire amplement à la prospérité de nos opérations.

« Mais, comme il importe à ma sensibilité et au succès de mes combinaisons qu'ils vivent le plus long-temps possible, je n'accepterai que des gens sains et bien portants. On a institué des prix pour l'encourage-ment de la race chevaline, moi j'offre une prime d'en-couragement à la bonne santé de mes semblables.

ARTICLE IV

« On pourra, après un stage de trois ans, se retirer de la société, quand on le jugera convenable.

« *N. B.* — Je fais à mes futurs associés l'honneur de croire qu'ils useront le plus rarement possible de cette faculté pour en sortir de leur vivant.

ARTICLE V

« Le compte de tout sociétaire qui aura la sottise de se laisser mourir sera liquidé immédiatement.

« Je rendrai à sa famille, non pas seulement les sommes qu'il aura versées, fi donc ! ce serait trop mesquin, mais trois fois, dix fois, vingt fois son capital, conformément à des règles déterminées par mes statuts.

ARTICLE VI

« Cette indemnité, pour cause d'expropriation forcée
de l'individu, sera prise sur la réserve formée des versements capitalisés de tous mes dépositaires, et si cette
réserve se trouvait jamais épuisée pour un moment,
j'y suppléerais de mes deniers.

« C'est ainsi que, dès ce jour, j'entends les affaires.

« *N. B.* — A la vérité, je ne courrai pas grand
risque, car il est évident que mes associés, exempts de
toute anxiété sur l'avenir de leur femme et de leurs
enfants, vivront généralement plus longtemps que le
commun des martyrs qu'obsède l'incertitude du lendemain, et il va sans dire que je baserai mes calculs sur
la mortalité du commun des martyrs.

ARTICLE VII

« Mon entreprise étant une œuvre essentiellement
philanthropique, je désintéresserai d'autant plus largement les familles de mes associés que la mort de leur
chef aura été plus précoce, et lui aura laissé moins de
temps pour arrondir son patrimoine.

« Il n'est malheureusement pas en mon pouvoir de
rendre à la tendresse des survivants le père, le mari ou

le frère qu'ils ont perdu ; mais je ferai en sorte, du moins, d'empêcher que la gêne et les privations matérielles ne viennent aggraver leur légitime chagrin.

« Tel est, en gros, le plan de ma nouvelle entreprise. Honni soit qui mal y pense !... »

Supposez que demain M. de R..... réalise ce merveilleux projet, et qu'il affecte une notable partie de son immense fortune à la garantie de sa stricte exécution : les caves de la rue Laffitte ne suffiraient pas à l'encaissement des milliers de millions qui afflueraient de tous les points de la France dans l'immense réservoir social ; le nom du généreux fondateur serait inscrit à jamais en lettres d'or parmi ceux des plus illustres bienfaiteurs de l'humanité, et qui mieux est, gravé en caractères ineffaçables dans tous les cœurs reconnaissants.

Lorsqu'il lui prendrait fantaisie de traverser *incognito* une ville, ou même une simple bourgade, les jeunes filles, vêtues de blanc, effeuilleraient des fleurs sur son passage, les mères lui tresseraient des couronnes, et les cloches catholiques elles-mêmes, oubliant pour un moment leur orthodoxie, exhaleraient à pleines volées, en son honneur, leurs plus joyeux carillons.

On élèverait à ce grand homme, de son vivant, des statues, et les générations futures apprendraient aux enfants à bénir sa mémoire.

Si attrayante que puisse être la perspective de cette conception grandiose et de ses résultats, M. de R... s'abstiendra de la réaliser, pour une raison qui le dispense d'en chercher d'autres.

C'est qu'elle est déjà en pleine réalisation depuis plus d'un demi-siècle, dans cet intelligent pays de France, sans que, durant près de vingt-cinq ans, la grande majorité de nos concitoyens, même les plus clair-voyants, aient paru seulement soupçonner l'existence de ce phénomène économique.

Non-seulement cette institution bienfaisante existe, mais elle est représentée par des Compagnies très puis-santes, à la tête desquelles se trouvent l'élite de la finance, M. de R... lui-même. Elle est encouragée par l'Etat et acclamée par les publicistes les plus autorisés : mais, telle est la puissance de la routine et des préjugés, qu'elle a pris à peine la centième partie du développe-ment qu'elle comporte.

Cette combinaison merveilleuse, cette sauvegarde providentielle de l'avenir des familles, si souvent su-bordonné à l'incertaine longévité de leur chef, ce *Rêve d'un Banquier philanthrope*, qu'est-ce autre chose que : L'Assurance sur la vie ? Combien de gens cependant en méconnaissent ou feignent d'en méconnaître l'utilité? Combien de mères, aveuglées par une répugnance injustifiable, s'obstinent à en ravir le bienfait à leurs enfants, au risque d'avoir à se reprocher un jour leur pauvreté ?

Qu'elles fassent étalage, si bon leur semble, d'un excès de désintéressement, dont l'époux même le moins naïf est toujours un peu fier et doucement ému, je ne m'y oppose pas, mais que ce soit à leurs dépens seulement, et non aux dépens d'innocentes créatures exposées à payer beaucoup plus cher qu'il ne vaut les frais de ce touchant marivaudage.

Qui les empêche, au surplus, d'affirmer la sincérité de leurs scrupules en répudiant irrévocablement pour elles-mêmes toute part dans le bénéfice de l'assurance ?

Mais, comprimer avec une aveugle cruauté, sous le vain prétexte d'une sensibilité outrée, ou d'une superstition anti-chrétienne, les nobles instincts de prévoyance du père en faveur d'enfants qu'elles font profession d'adorer, c'est forfaire de gaieté de cœur aux obligations les plus sacrées de la tendresse maternelle.

Si ces femmes modèles — me préserve le ciel du bonheur d'en posséder une copie ! — ont la prétention de paraître meilleures épouses et meilleures mères que celles qui s'imposent de généreux sacrifices, quelquefois même des privations, pour s'associer au dévouement paternel de leurs maris, c'est une illusion déplorable dont il importe de faire justice dans l'intérêt de la morale et de la vérité.

La mère des Gracques, cette vaillante femme qui n'eût certes pas compromis par un caprice, ou par un entêtement irréfléchi l'avenir de ses enfants, les montrait avec orgueil comme sa plus belle parure. Il en est d'autres qui trouvent plus glorieux de porter au cou et aux oreilles les économies de leurs maris. Affaire de goût où nous n'avons rien à redire, pourvu qu'elles aient au moins la pudeur de ne pas se faire de cette préférence une trompeuse auréole d'abnégation.

LA CONFESSION

DE

MADAME X...

A MONSIEUR BERGERON

PUBLICISTE

Monsieur,

J'ai pensé que la révélation de mes malheurs, que vous connaissez en grande partie, pourrait être un enseignement profitable à quelques familles, et je me suis résigné à l'écrire.

Je vous abandonne entièrement ces pages. Publiez-les si vous le jugez convenable ; dans le cas contraire, veuillez les détruire, car je ne tiens nullement à les revoir.

Permettez-moi d'imposer à votre loyauté, comme unique condition, le secret le plus absolu sur mon triste nom, qui d'ailleurs n'intéresse personne, et permettez-moi de le remplacer au bas de cette lettre par une fausse initiale.

Recevez, monsieur, l'assurance de ma considération respectueuse.

Veuve X...

LA CONFESSION

DE

MADAME X...

§ I

Mon histoire est celle de bien des mères. Puisse-t-elle, Mesdames, qui daignerez jeter les yeux sur ces pages écrites uniquement dans le but de vous épargner les regrets qui m'oppressent, ne pas être la vôtre un jour !

J'ai été bien heureuse durant les quinze premières années de mon mariage, si heureuse qu'il me semblait que mon bonheur était à l'abri des atteintes de la destinée.

Fille unique d'un magistrat haut placé dans la hiérarchie judiciaire, mais peu fortuné, et habitué à dépenser la totalité de son traitement, je fus recherchée, malgré la modicité de ma dot, par un avocat dont le nom, qu'il a su maintenir honorable, jouissait déjà de quelque célébrité au moment où ma main lui fut accordée.

Il gagnait alors près de 20,000 francs, et ses honoraires s'élevèrent progressivement jusqu'à 30,000, somme qui, augmentée du modeste revenu de notre patrimoine, nous permettait de vivre largement, au gré de nos communes aspirations. Appartement confortable à la ville, maison de campagne, réceptions fréquentes, il ne savait rien me refuser. Hélas ! mon excellent père, veuf dès l'époque de ma plus tendre enfance, avait laissé se développer en moi des instincts de luxe et de prodigalité que mon mari encourageait au lieu de s'appliquer à les réfréner. J'avais été habituée, en outre, sous le toit paternel, à voir tout marcher au gré de mes désirs et de mon caprice.

Armand, de son côté, cachait sous sa douceur et sa bonhomie naturelles, une fermeté de résolution inébranlable ; mais les griffes du lion n'avaient aucune occasion de se montrer, nos deux volontés se devinaient pour n'en faire qu'une.

Trois enfants étaient nés, à peu de distance l'un de l'autre. de notre union bénie, deux garçons et une fille... une fille !... aussi gracieuse, aussi aimable, aussi intelligente que la plus gracieuse, la plus aimable, la plus intelligente d'entre vous... Ma fille !... J'ai peine à retenir mes larmes en évoquant son souvenir.

Nos enfants grandissaient à souhait, leur éducation devenait de plus en plus coûteuse, mais que nous importait !... Ils étaient si affectueux et si beaux !... Rien ne nous semblait trop cher pour eux ; nous dépensions sans compter. N'avions-nous pas un long avenir devant nous pour rétablir, au besoin, à l'aide de quelques économies souvent rêvées, mais constamment ajournées, l'équilibre dans notre budget ?

Les années s'écoulaient calmes et heureuses. Mon mari, qui gérait seul la maison, pour m'en épargner l'ennui, était toujours aussi affable, aussi empressé à deviner et à satisfaire mes moindres désirs ; mais je le surprenais quelquefois soucieux et comme absorbé dans de graves préoccupations, dont je ne cherchais même pas à deviner la cause, tant ma sécurité était imperturbable.

Un soir, il rentra du Palais deux heures plus tard que de coutume, accompagné d'un de ses anciens amis de pension que je voyais pour la première fois, mais dont il avait prononcé le nom devant moi en plusieurs circonstances.

— Je te présente, me dit-il gaiement, mon bon et brave camarade B..., que je revois enfin, après quinze ans d'absence, car il a beaucoup voyagé, et durant ses cours instants de séjour à Paris, monsieur n'a pas daigné venir me serrer la main.

Monsieur B... imputa cette négligence forcée aux exigences de ses fonctions nomades et promit de ne plus encourir ce reproche, dont il paraissait charmé.

— Il part demain pour une expédition de plusieurs mois, poursuivit mon mari, et je l'ai forcé d'accepter ton modeste dîner.

Notre hôte invoqua mon indulgence pour l'indiscrétion qu'il commettait en cédant aux instances de son ami.

— Tu n'as pas à t'excuser, interrompit Armand, car j'ai si bien pris au sérieux tes sages avis que je ne t'aurais pas permis de m'échapper.

Mon mari avait, en parlant ainsi, un air enjoué et satisfait qui ne lui était pas habituel. J'attribuai ce changement de physionomie au plaisir qu'il éprouvait de revoir, après une si longue séparation, un ancien confident de ses émotions juvéniles.

— Oui, ma chère Henriette, me dit-il, la rencontre de mon vieux camarade a été une véritable bonne fortune. Nous avons longuement causé de ta position, de la mienne, et il m'a ouvert un horizon tout nouveau pour moi. Grâce à lui, je vais enfin être affranchi d'une anxiété qui me minait sourdement, et qui devenait de jour en jour plus vive.

On annonça que nous étions servis, et nous allâmes nous mettre à table.

Je voulus questionner M. B...

— Oh ! rien ne presse, du moins à une heure près, interrompit Armand. Nous causerons plus librement au dessert.

Je n'insistai pas, mais j'étais très intriguée, ma curiosité ne sachant à quelles conjectures se vouer. Forcée de me résigner à l'attente, je maudissais intérieurement la profusion de notre cordon-bleu, et je dirigeais le service avec une précipitation qui ne laissait guère à mes convives le temps de respirer.

Enfin le dessert fit son apparition. J'ordonnai aux domestiques de s'éloigner et j'adressai à mon mari un regard interrogateur.

— Ma bonne Henriette, me dit-il, nous avons eu jusqu'à ce jour la prétention d'être des gens à peu près raisonnables. Eh bien, mon ami ici présent m'a démontré clairement que nous étions insensés, ou pour mieux dire, de véritables étourdis.

M. B... essaya de protester.

— Silence ! lui cria mon mari, tu n'as pas la parole.

Et il reprit :

— Ma chère femme, nous sommes des époux modèles, et tout irait pour le mieux dans le meilleur des ménages possibles si notre bourse était aussi inépuisable que ta bonté. Par malheur, il n'en est pas ainsi. Je ne le sais que trop bien, moi le ministre trop peu économe

de nos finances. Je ne me refuse pas grand'chose, je
ne te refuse rien, nous ne refusons rien à nos enfants ;
c'est charmant. mais il y a une ombre au tableau.
Depuis quelques années, grâce au surcroît de frais que
nous occasionnent leur éducation et leur entretien,
notre budget se solde invariablement par un déficit.

« Dès la première révélation de cette situation
anormale, j'ai combiné des plans de réforme qui sont
restés à l'état de théorie, et le gouffre du déficit s'est
élargi, comme on dit à la Chambre.

« Cependant nos enfants grandissent et il faudra,
dans quelques années, pourvoir à leur établissement ».

— Nous ferons des économies, interrompis-je.

— C'est plus facile à dire qu'à réaliser. J'admets
d'ailleurs que de sages réductions dans nos dépenses,
durant trois ou quatre ans, nous permettent de combler
l'arriéré. l'avenir n'en sera ni plus brillant ni moins
incertain.

— L'avenir ?... n'es-tu pas là pour l'assurer ?...

— C'est justement à quoi je songe, s'écria mon
mari, en s'emparant de ce mot. Oui, tu as mille fois
raison, il faut que j'*assure* l'avenir, et mon ami B...
m'a indiqué la marche à suivre.

— Comment cela ?

— Rien de plus simple :

« Nous sommes obérés d'une vingtaine de mille

francs au *maximum*. Ne t'effraie pas, tu ne seras impor-
tunée d'aucune réclamation indiscrète. Nous ne devons rien ou presque rien aux fournisseurs. J'ai eu
recours, pour régler leurs comptes, à des amis complaisants qui peuvent attendre. Je contracte une assurance de cent cinquante mille francs sur ma tête. J'ai
quarante-deux ans. Il nous en coûtera cinq mille et
quelques cent francs chaque année, soit un peu plus
de 400 francs par mois. Cette assurance sera un véritable talisman : elle ranimera ma sécurité chancelante
et chassera de mon esprit les sinistres prévisions qui
l'obsédaient.

« Je goûterai donc, enfin, sans arrière-pensée importune les joies de la famille ! Je pourrai me livrer
tout entier à mon bonheur d'époux et de père, confiant
dans la bonté de Dieu, mais prêt à m'incliner devant
ses décrets, s'il m'enlevait à vous avant l'achèvement
de mon œuvre ! Tiens, cette seule pensée que le bien-
être des miens me survivra, au moins en partie, quoi
qu'il arrive, exalte mon imagination et va inspirer à ma
parole une force et une netteté dont profiteront mes
clients... Ah !... messieurs les princes du barreau, je
ne vous crains plus, je me sens grandir à vue d'œil... »

Je fus insensible à ce noble et saint enthousiasme,
dont l'expression est pourtant restée fidèlement gravée
dans ma mémoire, comme tous les incidents de cette

soirée néfaste. Ma délicatesse s'indignait d'une précaution tutélaire qui m'apparaissait comme une honteuse
et révoltante spéculation sur la vie de mon mari.
J'oubliai tous les égards dus à un hôte, quel qu'il soit,
et que je devais surtout à M. B..., dont l'amitié de
mon mari me garantissait l'honorabilité ; je l'accablai
des reproches les plus amers et les plus injustes, l'accu-
sant d'être venu jeter à plaisir le trouble dans ma
maison.

Il essaya vainement d'opposer, avec une courtoisie
pleine de tristesse, des raisons à mes invectives ; je
refusai de l'entendre, et répondis à peine à son salut
lorsqu'il prit, de guerre lasse, le parti de battre en
retraite.

Mon mari voulut le suivre... je m'y opposai impé-
rieusement.

§ II

Le lendemain, Armand entra dans ma chambre pendant que j'achevais ma toilette. L'altération de ses traits
et sa pâleur attestaient qu'il avait bien peu dormi, si
même il n'avait point passé tout le temps à veiller.

— Ma chère Henriette, me dit-il, on prétend que la
nuit porte conseil. Tu regrettes sans doute ta malen-

contreuse incartade envers mon ami, qui, à ce titre,
avait droit à plus de ménagements de ta part.

— Je regrette la forme, répliquai-je, mais non le
fond de mon langage.

— Tant pis pour toi, répondit-il sèchement : quant
à B..., de pareils procédés peuvent l'affliger, mais non
l'atteindre.

— Soit !

— Si, au lieu de te livrer à un emportement déplorable, tu avais daigné discuter hier froidement avec lui,
ou avec moi, nous aurions pu nous entendre. Tu es
trop intelligente pour penser qu'un père de famille va
au-devant de la mort en assurant le repos des siens
contre les conséquences d'une éventualité toujours me-
naçante. Il s'affranchit, au contraire, par cet acte de
prudence, d'une cause permanente d'anxiété.

« Ne m'interromps pas : *je te jure de ne rien faire
sans ton consentement ;* mais permets-moi d'en appeler
à ta raison fourvoyée, à ton excellent cœur d'épouse et
de mère. Une délicatesse irréfléchie te porte à répudier
pour toi-même les fruits de ma prévoyance ; je respecte,
tout en les déplorant, ces scrupules exagérés. Mais tu
n'as ni la volonté, ni même le droit de déshériter tes
enfants. Lis ces trois projets de contrats : ils garan-
tissent à chacun d'eux cinquante mille francs le jour,
éloigné je l'espère, où je viendrais à leur manquer.

Il me tendit ces papiers, que je parcourus à peine d'un regard distrait. J'étais dominée par une invincible fatalité.

— Je prends acte, lui dis-je, de ton serment de ne rien faire sans mon consentement.

Il fit un signe de tête affirmatif.

— Eh bien ! repris-je, ce consentement, je le refuse !

Et mes mains convulsives déchirèrent les papiers, dont je jetai les morceaux dans les cendres du foyer.

— Ah ! malheureuse, s'écria-t-il, en m'étreignant fortement le poignet, malheureuse ! *vous* sacrifiez à un caprice odieux l'avenir de vos enfants, *vous* leur volez cent cinquante mille francs, tout leur avoir peut-être... *vous* êtes une mauvaise mère !...

Puis il s'élança brusquement hors de ma chambre, où il ne remit les pieds que bien rarement.

Une mauvaise mère !!! J'étouffais de chagrin et plus encore de colère, et j'étais bien résolue à ne point sortir de mon appartement.

A l'heure du déjeuner, on m'apprit qu'Armand était sorti pour toute la journée.

Le soir, quand nous nous trouvâmes à table, en face l'un de l'autre, nous fûmes muets pendant la première moitié du repas, nous regardant à la dérobée, comme deux adversaires, je dirais presque comme deux ennemis qui s'observent.

Armand rompit enfin le silence.

— Vous voudrez bien, me dit-il, profiter du premier beau jour pour aller à Chatou passer l'inspection du mobilier et faire transporter ici les quelques meubles qu'il vous plaira de conserver. Le reste sera vendu dimanche prochain. J'ai résilié le bail, qui avait encore deux ans à courir, en payant une indemnité au propriétaire.

Je ne soufflai mot.

— A propos, ajouta-t-il, j'ai surpris le valet de chambre fumant un de mes cigares, et comme ce n'est pas la première fois, je lui ai donné son compte. Sa femme qui ne veut pas être séparée de lui, le suivra. Une bonne suffit pour le service de deux personnes. Durant les vacances, quand nos enfants seront ici. nous prendrons un auxiliaire.

On lui présenta une lettre. C'était une invitation à dîner.

— Si vous le voulez bien, dit il, après me l'avoir communiquée, je vais répondre par un refus motivé sur le mauvais état de ma santé. En acceptant, nous nous créerions une de ces obligations coûteuses aux- quelles nous devons nous soustraire autant que pos- sible.

Le repas terminé, il me salua froidement et se retira dans son cabinet, sans m'avoir embrassée comme il avait coutume de le faire chaque soir en me quittant.

A dater de ce jour, toute intimité cessa entre nous.
et nos rapports ne furent plus empreints que d'une
courtoisie dont la contrainte excluait toute apparence
d'affection.

Les bonnes conversations au coin du feu, où nos
deux âmes s'ouvraient l'une à l'autre avec une si
charmante effusion, les promenades sentimentales au
bord de l'eau furent abandonnées sans retour.

J'étais trop altière pour essayer de réagir contre cette
froideur de mon mari, et j'acceptais cette vie nouvelle,
si différente de notre existence précédente, comme
une lutte d'amour-propre dans laquelle chacun voulait
avoir le dernier mot.

Les jours de fête, et durant les vacances. tant que
nos enfants étaient auprès de nous, Armand et moi
nous exagérions les démonstrations d'aménité récipro-
que, et cette violence morale aggravait notre supplice.
Leur présence, si gaiement fêtée jadis, devenait importune. La joie n'entrait plus à la maison avec eux ; ils
s'y sentaient mal à l'aise et s'en éloignaient avec moins
de regret qu'autrefois.

Huit longues années se passèrent ainsi. durant
lesquelles la santé de mon mari alla toujours en
déclinant.

Il devenait de plus en plus morose et taciturne, lui

naturellement si enjoué. si communicatif. Je ne savais rien de nos affaires, et ma fierté se refusait à le questionner, mais ses moindres démarches révélaient des préoccupations d'économie et de lucre presque sordides.

Le mal empirait chaque jour. Un moment vint où il ne fut plus possible de m'en dissimuler la gravité.

Et je ne pouvais rien pour la combattre. car mon mari se dérobait impitoyablement à mes soins !...

Un jour, après une nuit passée à prier Dieu de m'inspirer, je m'armai de courage et pris une énergique détermination.

Je fis demander, dans les bureaux d'une Compagnie d'assurances, l'adresse de M. B,... et je me présentai à son domicile.

Le cœur me battait bien fort quand on m'introduisit dans son cabinet, où je dus l'attendre quelques instants.

M. B... ne parut pas surpris de ma visite, et me reçut avec une affabilité respectueuse.

— Monsieur, lui dis-je, j'ai été bien injuste et bien inhospitalière envers vous : m'avez-vous pardonné ?

— Je ne vous en ai jamais voulu, madame, répondit-il. non sans attendrissement : je me suis borné à déplorer votre résistance irréfléchie.

— Eh bien ! monsieur, vous allez m'aider à réparer le mal causé par ma fâcheuse obstination, que je regrette sincèrement. C'est moi aujourd'hui qui vous prie de rendre le repos à mon mari en l'assurant.

— Mon Dieu, Madame, balbutia-t-il, avec un embarras visible, des années se sont écoulées, et la prime aujourd'hui serait beaucoup plus forte qu'à l'époque où j'ai eu la mauvaise inspiration de conseiller l'assurance à notre cher Armand.

— Qu'importe, répliquai-je, je subirai sans regret, et même avec joie, toutes les privations nécessaires.

Il parut faire un violent effort sur lui-même pour me répondre, et il me dit avec émotion :

— J'espère... je suis convaincu que la vie d'Armand ne court aucun danger sérieux, mais l'altération... plus apparente que réelle, qui s'est produite dans sa santé, me fait craindre que le médecin de la Compagnie, très enclin à s'exagérer l'importance de... symptômes... souvent trompeurs... n'hésite à lui délivrer un certificat satisfaisant.

— Oh ! le mal n'est pas aussi grave que vous le croyez. Il n'en coûte rien d'essayer...

— Pardon, madame, mais si, par hasard, la proposition n'était pas admise, ce refus pourrait exercer une influence funeste sur le moral d'Armand. Rien ne presse : le printemps prochain lui sera salutaire : nous pourrons alors affronter sans crainte le jugement de la Faculté.

Mon interlocuteur affectait, en articulant cette conclusion, un ton de sécurité dont je ne fus pas dupe.

Je sortis de chez lui la mort dans l'âme, maudissant les Compagnies de n'assurer que des gens bien portants, comme s'il pouvait en être autrement !... et, à peine remontée dans la voiture qui m'avait amenée, je fondis en larmes, et m'écriai : « Il est trop tard !... je l'ai tué !... »

§ III

Les sinistres pressentiments de M. B... ne l'avaient pas trompé. Mon pauvre mari, dont les forces s'étaient complètement épuisées ne tarda pas à prendre le lit, et je m'installai, sans résistance de sa part, à son chevet, où je restai comme clouée durant six semaines.

Un soir, que l'agitation de la fièvre avait suscité en lui un élan de vigueur momentanée, il souleva, presque sans effort, une main amaigrie dont je m'emparai avidement, et il me dit :

— Ma bonne Henriette, je sens qu'il me reste bien peu de jours à vivre. Plus je scrute ma conscience et plus mes réflexions m'amènent à reconnaître, mais trop tard, hélas ! à quel point j'ai été injuste et barbare envers toi.

« J'avais conçu un projet vraiment sage, dont l'accomplissement aurait été ta sauvegarde et celle de nos enfants.

« Tes préjugés, ta délicatesse, ton obstination féminine, peut-être, l'ont fait avorter. C'est un grand malheur !... J'en suis plus responsable que toi, car tu n'as péché que par ignorance ; et moi, au lieu d'en appeler avec une persévérance infatigable à ta raison, au lieu d'employer toute ma logique et tout mon cœur à réfuter tes préventions, dont j'aurais fini par triompher, je me suis roidi contre ta résistance inconsciente, et je t'ai fait expier durement les souffrances morales qu'elle me causait. Pardonne-le moi, comme je te pardonne ton fatal aveuglement, dont nos enfants et toi vous porterez la peine.

« L'avenir est sombre et trouble mon agonie.

« Les privations que tu as endurées avec moi, sans te plaindre, ont été presque triples de celles qu'eût exigées l'assurance, et le résultat est six fois moindre.

« J'aurais dû enfreindre ta volonté, mais, hélas ! j'avais juré de m'y conformer. Je n'ai plus d'espoir pour vous que dans la bonté divine. »

Ce suprême adieu, dans lequel s'étaient condensés ses derniers restes de vitalité et les dernières lueurs de son intelligence, fut suivie d'une longue prostration, puis d'un accès de délire convulsif. Ses lamentations s'exhalaient en paroles incohérentes, parmi lesquelles le mot *assurance* retentissait fréquemment comme un glas funèbre.

Le lendemain j'étais veuve et nos enfants étaient orphelins.

§ IV

Les développements imprévus que j'ai été forcée de donner à ce récit, pour en dégager clairement la moralité, m'imposent l'obligation de conclure par une relation sèche et concise comme un procès-verbal.

Les faits parlent assez d'eux-mêmes.

J'entre dans la sixième année de mon veuvage. La sinistre prophétie de mon mari ne s'est que trop bien accomplie. L'avenir de nos enfants a été brisé par sa mort.

Notre aîné achevait alors son stage dans une étude d'avoué. Désespérant de pouvoir jamais acquérir une charge, il est allé chercher fortune en Amérique, où il n'a éprouvé que d'amères déceptions.

Sa dernière lettre m'apprenait qu'il venait de se lancer

dans l'enseignement, cette ressource extrême des intelligences déclassées.

Mon second fils, qui avait fait de fortes études en vue de concourir pour l'admission à l'Ecole polytechnique, n'a pas voulu m'imposer la charge de deux annuités de pension et s'est engagé dans une expédition scientifique au Japon, où il est mort misérablement à vingt-cinq ans.

Au déchirement de cœur que m'avait causé son départ, s'était joint un bien triste incident.

Je me dirigeais vers sa chambre, dont la porte était entr'ouverte, lorsque la conversation suivante frappa mon attention :

— Comment peux-tu avoir le courage de quitter une si bonne mère ? disait d'une voix émue un de ses amis, qui était venue lui rendre une visite d'adieu.

J'allais m'élancer dans les bras de ce noble et digne jeune homme, quand mon fils répondit d'un ton dont l'amertume me glaça le sang :

— Une bonne mère !... ah !... oui... mais une bonne mère qui a causé par son entêtement la mort de mon père et le désespoir de ma sœur.

Je courbai silencieusement la tête sous ce cruel anathème.

Pauvre enfant !... il n'a pas eu la douleur de savoir qu'il m'avait infligé cette torture. Puisse sa dernière

pensée avoir été un pardon et une bénédiction pour sa
mère !

Ma fille, cet ange de bonté et de perfection, a payé
non moins tristement que ses frères sa dette au malheur.

Éprise d'une vive affection pour le fils d'un de nos
meilleurs amis, jeune lieutenant d'infanterie plein
d'avenir, qui aspirait à sa main, et dont nous avions
autorisé les espérances, elle ne pouvait contracter cette
union qu'en justifiant de la possession d'une dot
qu'Armand avait projeté de compléter à l'aide d'un
emprunt. Artiste d'un mérite réel en musique et en
peinture, elle résolut de conquérir cette dot par l'exploi-
tation de ce double talent. Elle chercha des élèves, en
trouva quelques-unes, et se résigna à courir bravement
le cachet ; mais son énergie ne put résister longtemps
aux déboires et aux humiliations inhérentes à cette tâche ingrate ; triste et unique lot de toutes les orphelines
d'élite dont les pères, comme le sien, sont morts sans
avoir assuré l'avenir de leurs enfants.

Son futur, je dirais presque son fiancé, était lui-même
trop dépourvu de fortune pour se démettre de son
grade et se créer une autre carrière étrangère à ses
études spéciales.

Le désespoir développa en elle des idées religieuses,
déjà fortement enracinées dans son cœur, et, ne pou-

vant appartenir à l'homme qu'elle aimait, elle se donna tout entière à Dieu, malgré mes supplications et mes larmes.

Un couvent me l'a ravie pour toujours.

Je suis seule avec mes regrets; seule avec le remords d'avoir sacrifié la vie et le bonheur de tout ce qui m'entourait et me chérissait à un stupide et odieux caprice, me demandant jour et nuit comment on peut mourir de chagrin, puisque je ne suis pas morte.

Il me reste à faire un aveu bien pénible, auquel je me résigne comme à une suprême expiation.

Un doute affreux me torture sans cesse et me poursuit même dans mes rares instants de sommeil.

Mes répugnances superstitieuses, un aveugle préjugé, mon ignorance et mon obstination ont-ils été les seules causes de ma résistance au projet salutaire de mon mari? Le sacrifice qu'il méditait de s'imposer était un obstacle à la satisfaction de mes goûts de dépense, à mes sottes velléités de coquetterie.

Ai-je voulu briser cet obstacle? Cette misérable considération n'a-t-elle pas, à mon insu, influencé ma résistance? Je me suis posé mille fois cette question désolante, sans jamais avoir osé la résoudre.

————————

L'AVENIR

DES

FAMILLES

L'AVENIR

DES

FAMILLES

CHAPITRE PREMIER

LE MAL

Tout bon père, dans telle condition, soit d'aisance. soit de gêne où le sort l'ait placé. s'estimerait heureux de pouvoir se dire :

« J'ai procuré à mes enfants la somme d'instruction que ma position me permettait de leur donner ;

« J'y ai ajouté les bons conseils et les bons exemples que mon honnêteté me suggérait ;

« Je leur ai fait apprendre un état lucratif grâce auquel ils pourront vivre honorablement et venir en aide à leur brave mère si je disparais avant elle.

« Je puis donc voir approcher sans crainte la fin de

mes jours pourvu qu'elle ne vienne pas avant que ces chers enfants aient atteint l'âge du travail sérieux. »

— C'est très bien, mais vous n'avez pas tout prévu.

J'admets que, grâce à vos sages précautions, ils réussissent dans la profession plus ou moins modeste qu'ils auront embrassée ; êtes-vous certain d'avoir garanti une existence paisible à votre veuve ?

Vos fils, en les supposant animés, comme vous, des meilleurs sentiments, ne seront-ils pas contrariés dans l'exercice de leur dévouement filial par les préoccupations de tendresse égoïste d'une épouse exclusivement soucieuse du bien-être de ses enfants ? Est-il prudent de confier l'avenir d'une mère à la générosité douteuse d'une bru ou d'un gendre ?

Vous vous faites la part belle en supposant que vous viviez assez longtemps pour compléter l'éducation primaire et l'instruction professionnelle de vos enfants : le contraire n'est-il pas aussi à prévoir ?

La mort, qui fauche au hasard, à travers les vieux et les jeunes, ne peut-elle pas vous surprendre avant que vous ayez eu le temps de les élever ?

N'avez-vous jamais vu, dans votre entourage, des hommes doués comme vous de toutes les apparences de la longévité, mourir brusquement avant l'époque où leur famille eût pu se passer de guide et d'un soutien ? Ne pouvez-vous pas être victime d'une fatalité semblable ?

Ne commettez donc point la faute de vous fier complètement à l'excellence de votre santé, à la vigueur de votre tempérament, ni même de vos habitudes de sobriété. Considérez ces conditions comme des chances favorables, comme des présomptions encourageantes, mais non comme une certitude de longue vie.

Au risque de passer à vos yeux pour un prophète de malheur, j'insiste sur la nécessité de ne pas oublier que tel accident, qui frappe journellement tant d'hommes non moins jeunes et non moins robustes que vous, peut vous frapper aussi bien qu'eux.

CHAPITRE II

LE REMÈDE

Existe-t-il un remède ou seulement une atténuation à cette calamité d'un décès prématuré, qu'il faut prévoir, puisqu'il est possible ?

Cherchez aussi longtemps qu'il vous plaira, vous arriverez forcément à reconnaître qu'il n'y en a qu'un seul pour l'homme qui n'est encore en possession que d'une aisance précaire :

C'est l'*Assurance sur la Vie* ; non pas ces placements

tontiniers sur la tête des enfants, dont l'expérience a été si souvent funeste aux familles qui, mal renseignées, avaient fondé sur eux des espérances exagérées, mais l'assurance positive dont le résultat minimum est fixé d'avance.

L'efficacité et la moralité de l'*Assurance sur la Vie* sont universellement reconnues aujourd'hui, surtout dans la banque, le haut commerce, l'industrie, la magistrature, les professions libérales, et parmi les employés supérieurs des administrations publiques et particulières, qui, presque seuls, en ont recueilli les bienfaits.

L'utilité de l'œuvre est suffisamment attestée par le paiement de plus de HUIT CENTS MILLIONS aux familles ou ayants droit des assurés décédés, paiement qui a prévenu bien des désastres, raffermi des fortunes chancelantes, et détourné de bien des têtes la ruine que l'assurance pouvait seule conjurer.

Des personnes qui n'envisagent qu'une face de la question contestent l'équité des tarifs, qu'elles jugent onéreux pour ceux des souscripteurs dont la vie se prolongerait de beaucoup au-delà des limites assignées à la généralité des hommes.

Ces tarifs n'ont pas été établis arbitrairement, ils reposent sur des probabilités indiquées par les tables de mortalité et consacrées par l'expérience.

En revanche, on trouve tout simple qu'une Compagnie paie des sommes relativement exorbitantes aux familles de ceux qui meurent avant l'âge normal.

S'il est au moins contestable que le taux des primes soit trop élevé pour les assurés qui vivent longtemps, on ne peut nier, en revanche, que ce taux est toujours trop bas pour ceux qui meurent au bout de quelques mois, ou même de quelques années d'assurance.

En supposant même que, pour une personne âgée de plus de cinquante ans au moment où elle a souscrit un contrat, le chiffre des versements pût dépasser celui du capital garanti, devrait-on compter pour rien la sécurité constante dont elle aurait joui relativement à l'avenir des siens, et la chance courue par la Compagnie de payer une somme importante en échange de quelques primes annuelles ?

Cette sécurité dont on fait peu de cas tant qu'on se trouve dans un état de santé satisfaisant, acquiert une grande valeur morale s'il survient une maladie dont la gravité soit une menace de mort, menace qui peut se renouveler plusieurs fois durant le cours d'une existence.

La tranquillité d'esprit en face du danger, n'est-elle pas déjà une précieuse compensation aux sacrifices qu'on s'est imposés ?

Au reste, les critiques plus ou moins fondées dont

l'assurance sur la vie peut être l'objet, comme les meilleures institutions, n'empêchent pas les hommes sérieux d'y recourir.

Ils pensent avec raison qu'il y aurait duperie à livrer au hasard d'un décès prématuré la sécurité de leur famille, pour le puéril plaisir de protester, par une abstention jalouse, contre les chances de prospérité de la Compagnie. Quel est le père qui consentirait à exposer aux atteintes d'un froid rigoureux ses enfants trop légèrement couverts, parce qu'il lui semblerait que le prix des vêtements d'hiver est un peu surfait ?

Cette prospérité, qu'on devrait d'autant moins envier aux Compagnies qu'elle est la meilleure garantie des assurés, n'a pas été l'œuvre d'un jour, mais la tardive rémunération de longues années d'efforts intelligents et d'une expérience laborieusement acquise. Elle résulte, non du succès de quelques opérations heureuses, mais de l'accumulation d'une immense quantité de petits profits, et de la sollicitude d'une administration condamnée à résoudre constamment ce problème redoutable :

Un capital considérable étant donné, trouver les meilleurs moyens de le faire fructifier sans le compromettre.

En d'autres termes :

Etre toujours habile et bien inspiré, sans cesser jamais d'être prudent.

CHAPITRE III

UN REPROCHE LÉGITIME

L'objection de la prétendue cherté des primes ne serait fondée que si les assurés prenaient l'engagement de vivre assez longtemps pour indemniser la Compagnie, sous peine d'être déchus de tous droits, car ceux qui meurent avant leur vingtième année d'assurance lui causent une perte réelle.

Cette combinaison, qui, ainsi présentée, semble une plaisanterie, existe sérieusement sous le titre *Assurance temporaire*. Les primes en sont beaucoup moins élevées que celles de l'*Assurance sur la vie entière* ; mais elle ne convient qu'aux personnes qui ont la prévision de se libérer d'un engagement, ou de mener à bonne fin une entreprise dans un laps de temps déterminé. Le père de famille aime mieux payer une prime plus forte avec la certitude d'un résultat plus ou moins tardif, que de subir l'alternative peu attrayante d'une mort à bref délai ou de la perte de ses versements.

Il est un reproche qu'on pourrait adresser plus justement aux Compagnies, celui d'avoir autorisé les Agents et les Inspecteurs à concentrer leurs efforts de propagande bienfaisante presque uniquement sur les familles déjà douées d'une certaine aisance, et pour lesquelles l'assurance sur la vie était moins une précaution contre la ruine ou l'indigence, qu'un acte de prévoyance, très sage d'ailleurs et très moral.

Nous voulons croire que cette préférence des propagateurs de l'assurance sur la vie a été forcée plutôt que systématique, en présence des difficultés inouïes que l'esprit de routine, l'ignorance et la superstition avaient suscitées à nos prédécesseurs.

En effet, on comprend que, durant la période de luttes désespérées contre les préjugés et les résistances du public, de 1820 à 1860, les représentants des Compagnies aient tenté de faire pénétrer la lumière principalement dans les esprits déjà préparés par l'étude ou la pratique des questions économiques ou financières.

La raison a fini par triompher. Les objections, même spécieuses, ont cessé de prévaloir contre l'utilité de l'institution. La cause de l'assurance sur la vie est irrévocablement gagnée.

Les Compagnies n'auraient donc plus l'excuse de la nécessité, et elles ne rempliraient qu'à demi leur noble mission si elles négligeaient plus longtemps d'élargir le cercle beaucoup trop étroit de leur propagande.

Le haut rang qu'elles ont conquis dans l'estime publique leur impose le devoir d'initier aux avantages de l'assurance la classe si nombreuse et si intéressante des petits commerçants, des employés et artisans, qui en ont été privés jusqu'à ce jour, bien qu'elle semble avoir été créée plus spécialement dans leur intérêt.

Il est vrai qu'une assurance de cinquante, ou même de cent mille francs, n'est pas plus difficile à réaliser sur la tête d'un notaire, d'un agent de change ou d'un propriétaire d'usines, qu'une de cinq mille francs sur celle d'un petit marchand ou d'un modeste employé. Cette réalisation est même plus certaine et plus prompte dans le premier cas, où l'on prêche un converti, grâce aux nombreux exemples qu'il a sous les yeux, que dans le second où il faut éclairer et convaincre un homme étranger à la question.

Cependant, nous adjurons les mandataires des Compagnies de ne pas oublier qu'ils ont charge d'âmes et que l'assurance sur la vie a un double but : la consolidation des fortunes acquises, mais surtout l'amélioration du sort des familles pauvres.

Le nouveau public dont nous réclamons l'initiation aux bienfaits de l'assurance n'est pas d'un abord difficile. On ne fait guère antichambre chez lui, et on est sûr d'y être accueilli cordialement. La clé est à la porte, vous pouvez entrer sans frapper. C'est ce que nous allons faire en vous invitant à nous suivre.

7

CHAPITRE IV

CHEZ UN CLIENT

. . . .

« N'est-il pas vrai que si un accident vous enlevait brusquement à votre famille, vous la laisseriez aux prises avec la gêne ?

— Vous pouvez même dire avec la misère. Tenez, parlons d'autre chose. Je frissonne rien que d'y songer.

— Raison de plus pour en parler ; le sujet en vaut la peine. Sur quoi compteriez-vous pour empêcher vos enfants de mourir de faim ou de devenir des vagabonds, et peut-être des criminels ?

— Après tout, j'ai des amis qui n'auraient pas le cœur de les abandonner.

— Pas le cœur !... le mot est bien trouvé, lorsque vous en auriez manqué assez vous-même pour les livrer à la merci de la pitié publique. Si vous êtes pauvre, vos amis, d'après le proverbe, ne doivent guère être plus riches que vous. De quel droit prétendriez-vous léguer à leur bienveillance des charges auxquelles vous

vous seriez soustrait? N'ont-ils pas des devoirs plus
directs à remplir envers leurs femmes et leurs enfants,
avant de se dévouer à ceux des autres?

— C'est vrai.

— J'admets avec vous que, s'ils étaient libres de
céder aux entraînements de leur générosité, quelques-
uns d'entre eux n'hésiteraient pas à s'imposer des privations pour venir en aide aux victimes de votre insouciance; mais cela ne leur est ni permis, ni possible; ils
se détourneraient donc, avec regret, je veux le croire, de
votre seuil désolé, faute de pouvoir apporter leur obole
sans en frustrer ceux qu'ils ont mission de faire vivre.

— C'est probable.

— Supposez, au contraire, un contrat d'assurance
de quelques milliers de francs, dont une partie pour-
voiera aux premiers besoins ; la situation change
complétement : les amis, les voisins, n'ayant plus à
craindre des confidences menaçantes pour leur pauvre
bourse, prodigueront les consolations, les conseils...

— Qui ne leur coûteront rien.

— Mais qui vaudront peut-être beaucoup. Ils se
concerteront avec la veuve, trop absorbée dans son
chagrin pour envisager nettement sa position, sur l'emploi le plus avantageux de son modeste capital. Tel
qui eût hésité à prêter cent francs, par crainte de les
perdre, malgré sa confiance dans la probité de votre

femme, offrira sa caution, au besoin même ses économies, pour compléter la somme nécessaire à l'acquisition d'un petit établissement.

— Ce qui lui permettrait d'élever et peut-être d'occuper utilement auprès d'elle la petite famille.

— Remarquez que la probité n'est pas un élément de crédit suffisant, si elle n'est doublée d'une apparence de solvabilité.

— Je ne le sais que trop bien !

— La sollicitude du père de famille, manifestée par une assurance au profit de la compagne de sa vie, est un témoignage irrécusable d'estime et d'affection qui lui acquiert ou lui conserve le respect et la sympathie ; son abandon, au contraire, semble presque une flétrissure pour la veuve, en même temps qu'elle en est une pour la mémoire du défunt. La malignité publique peut se croire autorisée à considérer cet oubli des devoirs du mari, soit comme une preuve d'égoïsme coupable. soit comme une revanche des torts de la femme ?

— Quelle infamie !

— Si vous voulez que la vôtre soit jugée digne de protection, commencez par la protéger vous-même. Une économie de deux cents, de cent cinquante, ou seulement de cent francs par an, n'est pas au-dessus de vos forces, si vous vous appliquez sérieusement à la réaliser.

— Peut-être !

— Votre femme, si vous lui en témoignez le désir, vous y aidera, dans un intérêt de sécurité très légitime, et surtout dans l'intérêt de vos enfants.

CHAPITRE V

LA CAISSE D'ÉPARGNE ET L'ASSURANCE

— Vous avez raison ! si je mourais sans rien laisser à ma femme, non-seulement elle serait plongée dans le plus cruel embarras, mais on pourrait croire que j'étais un homme sans cœur, ou qu'elle ne méritait pas mon affection. Cela ne sera pas ! Je ferai des économies et je les placerai à la *Caisse d'épargne.*

— Vous êtes un brave homme et je savais bien qu'il serait facile de nous entendre. La Caisse d'épargne est une excellente institution, mais elle ne remplirait pas votre but aussi sûrement que l'assurance sur la vie.

— Et pourquoi ?

— Parce qu'au jour de votre mort, elle se bornerait à rendre les sommes que vous lui auriez versées.

— Elle a cela de commun avec toutes les maisons de banque et les études de notaires. Il est certain que si j'ai déposé mille francs on ne peut pas en rendre deux mille à mes héritiers.

— Vous vous trompez: une Compagnie d'assurances rendra, dans la plupart des cas, au moment du décès, une somme très supérieure à celles qu'elle aura reçues de l'assuré.

— Cela me paraît douteux.

— Je vais vous le prouver; quel âge avez-vous?

— Trente ans.

— Vous pouvez assurer cinq mille francs moyennant une prime annuelle de cent vingt-cinq francs, c'est-à-dire le quarantième de la somme assurée; vous avez donc devant vous une marge de quarante ans pour compléter le versement de la somme qui sera garantie à votre famille.

— Vous me faites bonne mesure.

— Je la ferais meilleure à un homme plus jeune. A vingt-cinq ans, la prime serait de cent dix francs et, à vingt-et-un ans, de cent francs seulement pour la même somme. Dépasserez-vous soixante-dix ans. C'est possible, mais ce n'est pas certain.

— Hélas! non.

— Si vous mourez à 60 ans...

— On ne paiera que les trois quarts des cinq mille francs?

— Dites que vous n'en aurez versé que les trois

quarts, mais on paiera le tout. On le paierait de même
si vous mouriez n'ayant versé que la moitié, le quart,
un dizième ou même une seule prime annuelle.

— Vous plaisantez !...

— Nullement : assuré aujourd'hui, si vous mouriez
dans huit jours, votre famille toucherait immédiatement
les cinq mille francs stipulés dans le contrat, soit quarante fois votre mise. La Caisse d'épargne, en pareil
cas, restituerait fidèlement vos 125 francs, rien de
moins, rien de plus. Vous voyez que la différence de
quarante à un n'est pas à dédaigner.

— Je le crois bien !... mais on ne meurt pas toujours
dans son lit : une cheminée vous tombe sur la tête,
une voiture vous écrase, un malfaiteur vous tue au coin
d'un bois ou d'une rue déserte, votre famille est
déshéritée.

— Pas le moins du monde ! les décès résultant d'un
accident ou d'un crime sont à la charge de la Compagnie.

— La Caisse d'épargne paie l'intérêt des sommes
qu'on lui confie.

— En effet, un intérêt de 3 %.

— C'est maigre, mais enfin, c'est mieux que rien,
tandis que vos Compagnies n'en paient aucun.

— Erreur ! Les Compagnies d'assurances donnent à
leurs clients une participation dans les bénéfices qu'elles
réalisent.

— Que devient cette bonification ?

— Vous pouvez la toucher ou la laisser à la Compagnie comme versement supplémentaire destiné à augmenter le chiffre du capital assuré, ou enfin la consacrer à la diminution graduelle des primes à payer.

— J'apprécie l'avantage de cette combinaison ; elle me laisse entrevoir dans un avenir éloigné, une diminution sensible de mes sacrifices qui, si je vous comprends bien, auront été en s'amoindrissant à chaque répartition.

— C'est bien cela. Les premières réductions seront très faibles en raison du peu d'importance des versements effectués, mais elles s'appliqueront aussi aux années suivantes, s'ajoutant aux réductions nouvelles qui seront de plus en plus fortes.

— D'après ces explications, je reconnais que l'assurance est plus favorable à la famille qu'un placement à la Caisse d'épargne. Mais cette dernière a sur vos Compagnies un avantage que vous ne pouvez lui contester...

— J'affirme d'avance le contraire.

— Les petits marchands comme moi, les travailleurs, peuvent réaliser quelquefois de modestes économies, mais il ne leur est pas toujours facile de les conserver. Qu'il nous survienne une maladie, un chômage, une crise commerciale, nous voilà forcés de faire flèche de tout bois : la Caisse d'épargne nous remboursera nos versements à première réquisition : cela ne vaut-il pas mieux que de recourir au Mont-de-Piété ?

— Et que deviendra la sécurité de votre famille ?

— Oh ! je les remplacerai...

— Si vous en avez le temps et la possibilité. Soit !... Mais, plus tard, quand vos héritiers, pressés par le besoin, réclameront le remboursement de votre dépôt, vous êtes-vous rendu compte des lenteurs, des difficultés et des formalités coûteuses qu'entraînera la justification légale de leurs droits, s'il y a parmi eux des mineurs ? Où trouveront-ils les ressources nécessaires durant ces délais !

— Je n'avais pas prévu cela.

— Voyez la différence. Un contrat d'assurance est une créance parfaitement liquide, exempte de toute contestation, et payable sans aucune retenue aux ayants droit, sur la simple constatation du décès.

— Cela vaut mieux évidemment en cas de décès : mais il faut prévoir aussi le cas de simple maladie, où la *Caisse d'épargne* me viendrait en aide, tandis que votre Compagnie me refuserait tout secours.

— Vous vous trompez ; si vous avez versé trois annuités, ou plus, elle vous prêtera une partie de vos versements.

— Sauf à en poursuivre le remboursement ?

— Elle ne vous le réclamera jamais. La somme que vous aurez reçue sera une simple avance, au taux de 6 °/₀, à valoir sur le capital qui devra être payé plus tard à vos héritiers.

— S'il en est ainsi, l'assurance est une bonne chose. J'y songerai, et il est probable que j'en contracterai une ; mais laissez-moi le temps de consulter quelques amis.

— Puissiez-vous avoir la main heureuse dans le choix de vos conseillers ; mais, à votre place, je ne consulterais que mon cœur et ma raison.

CHAPITRE VI

LES DÉTRACTEURS DE L'ASSURANCE

Tant pis pour vous et surtout pour votre famille, si vous tombez sur un de ces détracteurs obstinés de l'assurance qui en raisonnent comme un aveugle parlerait de couleurs.

Il y a d'abord *les esprits forts*, des messieurs très malins, ou soi-disant tels, qui proclament, du haut de leur infaillibilité, que l'assurance est une bêtise, ou même une *volerie*. car ils ne ménagent pas leurs expressions.

Demandez-leur sur quoi ils basent la sévérité de cet arrêt ; ils vous répondront par un haussement d'épaules éloquent, ou par une plaisanterie banale.

On perdrait son temps à leur représenter qu'il n'est ni honnête, ni équitable de se constituer juge d'une cause qu'on n'a pas étudiée ; on ne parviendrait pas davantage à les émouvoir en leur dépeignant les sinistres conséquences possibles de leurs tristes facéties, ce qu'elles peuvent coûter de larmes et de misères aux familles de ceux qu'ils détournent de l'assurance.

Bien avisé serait celui qui leur fermerait la bouche par cette réplique : « Si je meurs, prenez vous l'engagement de pourvoir aux besoins de ma femme et de mes enfants ?... Non, n'est-ce pas ? Laissez-moi donc y pourvoir moi-même à ma guise. »

Les esprits faibles. Ceux-là croient sincèrement que l'assurance sur la vie porte malheur. Ils se le sont dit à eux-mêmes, et ils vous le répètent de bonne foi. On les assurerait de force qu'ils se feraient exorciser. Bonnes gens à mettre sous verre d'autant plus que cette race tend à disparaître.

Les égoïstes. L'assurance sur la vie est-elle un bienfait véritable ou une duperie ?

Peu leur importe d'être fixés sur ce point. Ils admettront même, de confiance, si cela vous plaît. que c'est une chose excellente ; mais ils n'en usent pas.

Leur femme ? leurs enfants ? « Advienne que pourra ! Après moi le déluge ! Mon père ne m'a rien légué ; j'en léguerai autant aux miens. »

Laissons-les se complaire dans leur cynisme.

Mentionnons encore ceux que nous appellerons les *Renards de la fable* ; moins coupables que les précédents, mais moins francs dans leur dénigrement.

Ils ne demanderaient pas mieux que de se laisser convaincre par vos arguments ; ils sont même convaincus. Le cœur dit *oui*, leur bourse dit *non*. Ils donnent la parole à leur bourse. Les objections qu'ils balbutient, les feintes préventions qu'ils manifestent ne sont que des artifices oratoires destinés à masquer leur impuissance.

N'oublions pas les *Tartufes de dévouement,* qui affectent une grande tendresse pour l'assurance sur la vie. Bons époux et bons pères, ils grillent du désir d'en contracter une demi-douzaine. Leur sollicitude conjugale et paternelle rayonne d'un éclat éblouissant ; mais le difficile est de convaincre leur femme, car ils sont trop pleins de déférence envers elle pour faire même son bonheur sans la consulter, ils s'appliquent à lui embrouiller l'affaire d'une si burlesque façon qu'elle n'y voit que du noir et la repousse avec horreur. Observez alors leur physionomie béate, mélange d'affliction apparente et de satisfaction comprimée : « Vous le voyez. » s'écrient-ils avec le ton de résignation lugubre d'un homme dont les plus chers désirs sont contrariés, — « ma femme ne le veut pas !... J'en suis désolé ! »

Eh ! mauvais comédien, vous savez bien qu'elle le voudrait, plutôt deux fois qu'une, si, au lieu de jeter le trouble et l'anxiété dans son esprit en évoquant une fantasmagorie de mélodrame, vous lui déclariez sincèrement que les combinaisons n'ont rien que d'avantageux, de moral et d'honnête ; qu'une assurance sur votre vie, garantie certaine d'une modeste aisance pour elle et pour ses enfants, vous comblerait de joie en promettant à vos derniers jours, éloignés ou prochains, une sécurité consolante.

Vous achèveriez de la convaincre en faisant luire à ses yeux cette sécurité comme une chance de prolongation de votre existence, chance réelle, en effet, pour un père sérieusement préoccupé du sort de sa famille, la tranquillité morale étant une des conditions principales de la santé.

Si des scrupules de délicatesse exagérée, une pensée d'abnégation respectable mais imprudente, ou un sentiment irréfléchi de crainte superstitieuse la portaient à combattre vos inspirations de sage prévoyance, vous désarmeriez sa résistance en lui rappelant que la morale et la religion, chez tous les peuples, sanctifient le dévouement à la famille ; qu'il s'agit d'ailleurs moins de son intérêt personnel, qu'elle a le *droit* de sacrifier, que celui de vos enfants dont elle partage avec vous le DEVOIR de protéger non seulement le présent, mais l'avenir.

Gardez-vous de l'oublier : pour les parents dépourvus de patrimoine, l'assurance sur la vie est le seul, l'unique moyen de constituer *un héritage qu'ils n'ont pas*, moyen d'autant plus infaillible que, si les engagements de l'assuré sont purement volontaires, ceux de la Compagnie sont absolus et irrévocables dès le lendemain de la signature du contrat.

AUX RICHES

AUX RICHES

———

 . . . .

Voulez-vous m'en croire, Monsieur? parlons d'autre chose, car vous ne parviendriez jamais à faire de moi un prosélyte... pratiquant. J'ai des voisins auxquels l'assurance sur la vie conviendrait parfaitement... un vétérinaire qui prélève sur le foin des chevaux qu'on lui confie la nourriture de sa famille, laquelle vit si bien, en effet, qu'on la verrait mourir de faim, s'il venait à lui manquer; à cinq kilomètres d'ici, un avoué qui risque chaque soir à la bouillotte ou au lansquenet un vingtième de la dot de sa femme, dot déjà très ébréchée et que la vente de son étude ne suffirait pas à rétablir; un petit banquier qui croit rehausser son crédit en prenant hypothèque sur le cœur de toute première chanteuse de la troupe d'arrondissement ou du Café-Concert;

8

un jeune gentilhomme déjà ridé et vidé, qui se donne le luxe de faire courir...

— Ses chevaux ?

— Quelquefois ; ses créanciers toujours. Je pourrais vous en citer vingt autres dont la principale occupation semble être de gaspiller indignement l'avenir de leur famille.

— Et vous voulez que je parle assurance à ces gens-là ?

— Mais moi. Monsieur, je suis riche, vous le savez, très riche : je vis à peu de frais, en bon campagnard. on dit châtelain, mais je dis campagnard, dépensant moins des deux tiers de mes revenus, et plaçant le reste. Donc, quelles que soient, les calamités politiques, financières ou commerciales qui puissent encore sévir sur la France, que ma mort soit éloignée ou prochaine, riche je vivrai, riche je mourrai, et je léguerai la richesse à ma famille. Fuyant la spéculation comme la peste, j'ai placé plus d'un tiers de mon avoir en rentes sur l'Etat, dont vous ne récuserez pas la solvabilité, puisque c'est à lui, ou aux valeurs garanties par lui, que vos Compagnies confient la majeure partie de leurs capitaux.

Les deux autres tiers de ma fortune consistent en valeurs immobilières d'un produit très médiocre, mais certain.

Dans ces conditions, ne serait-ce pas une insigne folie à moi de m'assurer? Je vous fais juge de la question.

— Une folie !... Ce serait la résolution la plus sage que vous puissiez prendre.

—· Vous plaisantez?

— Nullement.

— Notez bien que je crois à votre sincérité. Des amis, en qui j'ai toute confiance, vous ont dépeint à moi, pardon de l'expression, comme une espèce de mono-mane, fort honorable d'ailleurs, puisqu'ils sont aussi vos amis, qui voit dans l'assurance sur la vie un re-mède à tous les maux, bref la panacée universelle vainement cherchée jusqu'à ce jour.

— Le portrait serait assez ressemblant, s'il était moins chargé.

Non, je n'applique pas l'assurance sur la vie à toutes les maladies comme le docteur Sangrado la saignée :

Non, je n'attribue pas à mon spécifique une vertu sou-veraine. Il ne serait pas d'ailleurs à la portée de tout le monde, puisqu'il faut posséder une certaine aisance pour être apte à l'employer, et de plus, jouir d'une bonne santé, ce qui le distingue essentiellement des autres moyens curatifs qui ne s'appliquent qu'à des maladies.

En effet, il ne guérit pas la maladie, mais souvent il la prévient en maintenant le calme dans les esprits que l'insécurité du lendemain pourait troubler.

— Mais je vous répète que je ne suis nullement inquiet du lendemain.

— Pour vous, c'est possible. Mais pouvez-vous répondre de l'avenir des vôtres? Rien ne prouve qu'ils sauront conserver la fortune que vous leur aurez laissée, fortune qui, déjà considérablement diminuée par des droits exorbitants de succession, de partage et d'enregistrement, sera morcelée en quatre lots.

Je glisse sur les frais de maladie... et sur d'autres frais indispensables.

— Oui, glissons.

— Si vous vouliez pourvoir d'avance à ces dépenses de la dernière heure au moyen d'une bonne assurance une fois payée, pour n'avoir plus à y songer, comme le conseille, avec une grande puissance de démonstration, un de nos économistes les plus éminents... (1).

— Ah bon! Une assurance payable à ma mort. Je n'en veux pas.

— Soit! passons à une autre.

— Vous en avez donc pour tous les goûts?

— Sans doute.

— Eh bien, puisque vous persistez à tenter de me convaincre, cherchez quelque chose de plus gai pour rendre votre argumentation plus saisissante, intervertissons les rôles, mettez-vous un moment à ma place.

(1) *L'Assurance sur la vie et la propriété*, par M. Alfred de Courcy.

Vous voilà riche. très riche, possesseur chimérique
de deux ou trois millions. Prenez sans compter, un de
plus ou de moins ne vous gênera pas. Est-ce fait ?

— Oui.

— Alors, c'est moi qui suis l'homme prévoyant, et je
vous engage à contracter une assurance sur la vie. Que
me répondrez-vous ?

Ou je me trompe fort, ou vous m'éconduirez poli-
ment, gracieusement, en me disant : « Mon cher Monsieur, je rends hommage à l'utilité de votre apostolat,
et je vous remercie de m'avoir renseigné sur des choses
que j'ignorais comme les ignore bon nombre de gens
qui auraient plus d'intérêt que moi à les connaître. Mais
vous vous êtes trompé de porte. L'assurance sur la vie
n'a rien à faire céans. »

— Je me garderais bien de vous répondre ainsi.

— Que me direz-vous donc ?

SI J'ETAIS RICHE

Je vous dirais : Soyez le bienvenu, Monsieur, car vous arrachez de mes yeux un bandeau qui me troublait la vue.

La fortune m'avait rendu égoïste et insouciant à mon insu, comme tant d'autres, au point de me faire oublier que, sans l'assurance sur la vie, l'avenir est toujours incertain. Fou que j'étais!... Parce que je possède quelques millions, je croyais ma famille éternellement à l'abri des caprices du sort !

Certes, prudent comme je le suis, concédant le moins possible au hasard, et plus soucieux de conserver mon avoir que de l'augmenter, je n'ai pas à craindre d'être jamais réduit à la misère, faute d'une assurance.

Mais j'ai quatre enfants...

— Comme moi.

— Deux garçons fort éveillés avant l'âge, et dont les

dents, déjà passablement acérées, ne seront pas toujours des dents de sagesse.

— Gaston et Maurice.

— Deux filles charmantes.

— Irma et Lucie.

— Elevées dans du coton... que dis-je! plongées dans
des flots de soie et de dentelles.

— Pas tant que cela.

— Parées de bijoux et de diamants précoces.

— De simples bijoux, oui, mais pas de diamants
avant le mariage. Je suis inflexible sur ce point.

— Et moi aussi. Mais le désir d'en avoir sera peut-
être d'autant plus vif chez elles qu'il aura été plus
longtemps contrarié. Qui sait si, plus tard, une partie
de leur riche dot n'ira pas s'échouer contre un tas de
pierres... précieuses? Les rivières comprimées deviennent des torrents.

— Eh! mais, vous m'inquiétez avec vos prédictions.

— Que vous importe? Je puis entrevoir froidement
les futures folies de mes filles, puisque j'ai les moyens
de les réparer d'avance. Si, par hasard, elles n'en
commettent pas, les fruits de ma prévoyance trouveront toujours leur emploi.

Franchissons d'un bond les vingt prochaines années
qui vont s'écouler.

Je tire mon horoscope. De quarante ans, mon âge

présent, je passe à soixante. Mes cheveux grisonnent, des médisants prétendent même qu'ils blanchissent. Ma fille aînée, Irma, je crois, avait des goûts aristocratiques. J'ai fait d'elle une Comtesse en redorant un blason de bon aloi quelque peu terni par les intempéries de la politique moderne.

Mon gendre est un galant homme, incapable d'avoir visé une bonne affaire en réalisant un beau mariage.

Esclave des caprices de sa femme qu'il adore, il n'use de ses revenus qu'avec une discrétion excessive; mais il a le tort de lui permettre d'en abuser. Que voulez-vous ? Il n'y a pas de maris parfaits.

Notre Comtesse est jolie et tient beaucoup à ce qu'on le sache, aussi ne néglige-t-elle aucune occasion de se montrer. Son couturier, son joaillier, son corsetier, son chemisier, son gantier, son juponnier et son bottier, doivent lui coûter gros. Je parierais à coup sûr qu'elle fait des dettes, ne fût-ce que pour se conformer à la devise: « Noblesse oblige ».

Excellente épouse, au demeurant, dont les excentricités peuvent prêter le flanc à la calomnie sans que son honnêteté laisse aucune prise réelle même à la médisance.

Cet aimable ménage s'achemine d'un pas lent, mais sûr, vers la ruine. Il faut, puisque le péril m'apparaît longtemps à l'avance, que j'y obvie sans plus tarder, pendant que mon âge me permet de le faire dans des conditions assez modérées, au moyen d'une assurance sur ma tête, assurance qui, dans vingt ans, viendra fort à propos réparer les imprudences de l'enfant prodigue.

Mais, j'y songe; pourquoi n'en contractérais-je pas en même temps une seconde de vingt-cinq ans pour garantir à ses futurs enfants la dot qu'elle est incapable de leur amasser? Plus le délai sera long, moins coûteux et plus productifs seront ces deux contrats.

— Vous allez bien !...

— Pourquoi me gêner, puisque je suis riche? Il me plaît de faire hériter, de mon vivant, ceux des miens qui auront besoin de moi, sans préjudice de la part qu'ils trouveront à ma mort. Cela les aidera à prendre patience.

— On les paiera donc de votre vivant?

— Parbleu ! je ne suis pas forcé par contrat de mourir à époque fixe.

— Est-ce que vous prétendriez appliquer le même système de prévoyance aux quatre enfants dont vous vous êtes dotés pour les besoins de votre démonstration? car vous ne pourriez, sans injustice, favoriser les uns au détriment des autres.

— Il n'est pas question de faveur, mais de simple réparation. Mes versements seront le fruit, je ne dirai pas de privations, mais d'économies personnelles. destinées à former une réserve, une sorte de caisse de

secours ; je pourrai donc, en toute sûreté de conscience, les employer à corriger les rigueurs du sort
envers ceux de mes enfants qui, moins heureux que
les autres, auront peut-être, par surcroît, la charge
d'une famille plus nombreuse. Un père est une
seconde Providence ; demandez-vous compte à la
première des inégalités qui président à la répartition
des bienfaits.

La précaution que je prendrai en vue d'Irma, parce
qu'elle m'inquiète tout particulièrement, pourra servir
en partie, ou même en totalité, si elle s'amende, au
soulagement de tel de ses frères ou sœur plus éprouvé
qu'elle. L'essentiel est que je constitue ma caisse
d'épargne pour en disposer au gré des évènements.

— Dans ces conditions, je vous comprends.

— Revenons à mon horoscope ; ma seconde fille
Lucie avait des aspirations plus modestes que sa sœur.
Je lui ai donné un agent de change. Ils sont hors de
prix. Elle a épousé une des plus fortes charges du
parquet de Paris... qu'elle a payée en partie de sa dot,
selon l'usage. Et, triple niais que je suis, la pensée ne
m'était pas venue jusqu'à ce jour de faire assurer mon
gendre ! S'il mourait à une de ces époques de crise
financière si fréquentes (car le Parquet est glissant, il
est si souvent frotté par les mauvais payeurs !...), la
nécessité d'une vente immédiate pourrait causer une

dépréciation sensible dans l'évaluation de sa charge. Monsieur mon gendre, vous serez assuré, bon gré, mal gré, avant fin courant, comme vous dites, dussé-je débourser pour vous la première prime à titre d'encouragement.

— Assuré!... assuré!... si tel est son bon plaisir.

— Il ne pourrait s'y refuser sans déloyauté. Cette précaution sera d'autant plus sage que le sujet n'est pas de première force... physiquement parlant, bien entendu. Je ne le croyais que chétif, et depuis quelques mois il me paraît malingre. Si le médecin de la Compagnie à laquelle je vais l'adresser lui trouvait un vice rédhibitoire et refusait son *visa* à l'assurance?... Ai-je été assez sot de lui confier mon demi-million et ma fille sans avoir pris au préalable cette garantie!... Je savais pourtant qu'en Angleterre les pères de famille, plus prévoyants que nous, exigent cette formalité avant de consentir au mariage de leur fille, et cela dans un but de sécurité hygiénique autant que pour sauvegarder non la dot, puisqu'ils n'en donnent pas, mais l'avenir de l'épouse en cas de veuvage.

Durant mon dernier séjour à Londres j'assistai, par hasard, à une conversation sur ce sujet entre un riche industriel, mon ami, et son futur gendre. Ce dernier, sans s'inquiéter de ma présence, discutait comme trop élevé, vu l'état actuel de ses ressources, le chiffre de

l'assurance exigée. L'industriel répliquait imperturba-
blement que c'était à prendre ou à laisser.

Le jeune homme céda.

Dès qu'il fut sorti, j'exprimai à mon ami la stupeur
que m'avait causé son insistance... prosaïque.

Il me répondit avec une franchise d'égoïsme quelque
peu brutale : « Bien que je ne donne aucune dot à
ma fille, conformément à l'usage établi chez nous, et
qui n'a pas cours en France, je tiens à ne la confier
qu'à un homme contrôlé par le médecin d'une Compagnie d'assurances comme sain de corps et d'esprit,
et présentant des chances de durée. Si, malgré cette
sage précaution, il mourait au bout de quelques années
de mariage, avant d'avoir consolidé sa fortune, je ne
veux pas être exposé à voir ma chère fille me retomber
lourdement sur les bras, surchargée de trois ou quatre
marmots, fardeau précieux, sans doute, mais dont le
poids ne laisserait pas que de m'incommoder. Une
bonne assurance me garantira contre cette sinistre
éventualité.

— Vous avez, sans doute, objectai-je, fait mystère
à votre femme, et surtout à votre fille, de ce luxe de
précaution dont leur délicatesse n'eût pas manqué de
s'émouvoir ?

— A quoi bon ?... Si ma femme ignorait ma résolution à cet égard, elle m'accuserait secrètement

d'insouciance coupable envers elle, et envers ma fille et mes autres enfants ; ma fille elle-même ne comprendrait pas que je l'exposasse à l'humiliation de retomber un jour à ma charge, au détriment de ses frères et sœurs... qui n'en seraient peut-être que très-peu charmés, surtout s'ils avaient eux-mêmes une pléiade d'enfants, ce qui n'est pas rare dans nos familles. J'en ai huit, pour ma part, trois garçons et cinq filles. Mes quatre autres gendres seront assurés comme le premier, ou elles resteront filles. Hors de l'assurance, pas de mariage. Quant à mes fils, j'aime à croire qu'ils devanceront la sommation de leurs futurs beaux-pères, car c'est déjà une mauvaise note de paraître ne s'assurer que par contrainte.

— Ah ! chez nous c'est bien différent, interrompis-je avec une certaine fierté nationale : nos femmes poussent si loin la sensibilité que bon nombre d'entre elles, et des plus intelligentes, aiment mieux tout risquer que de permettre à leur mari l'assurance sur la vie.

— Vous dites bien : tout risquer, oui.... tout.... même les chances de ruine pour elles, abnégation honorable, mais insensée, et de misère pour leurs enfants, ce que je me contenterai, par courtoisie, d'appeler une faute impardonnable.

— Vous êtes sévère !

« — Non, car je m'abstiens de la qualification beaucoup plus dure que mériterait ce funeste caprice.

— Eh, mon Dieu ! des répugnances invincibles... des scrupules moraux ou religieux...

— Allons donc ! s'écria-t-il en haussant dédaigneusement les épaules. Avez-vous la bosse de la naïveté assez protubérante pour vous imaginer que nos femmes soient moins sensibles, moins scrupuleuses, moins délicates, moins pieuses que les vôtres : des épouses moins dévouées, des mères moins préoccupées du bonheur de leurs enfants ? Non ! non ! non ! cher Monsieur ! Il faut faire votre deuil de cette flatteuse illusion. Tenez, vos Françaises ont sur elles deux genres de supériorité que je ne leur conteste pas : la grâce et l'esprit. Mais, en revanche, les nôtres possèdent, ce qui vaut peut-être mieux, le bon sens pratique. Aussi préconisent-elles franchement l'utilité et la moralité de l'assurance sur la vie que les vôtres combattent presque toujours sans daigner même vouloir se rendre compte de ce qu'elles repoussent. »

N.-B. — Rappelez-vous que ce n'est pas moi qui parle ainsi, Dieu m'en garde ! Je vous traduis, en termes adoucis, le langage réaliste de mon ami d'Outre-Manche... Shocking !

— Je vous vois d'ici humilié dans votre orgueil

patriotique et rompant bravement une lance en l'honneur du beau sexe français.

— Sur ce terrain la cause était assez difficile à défendre. J'ai plaidé les circonstances atténuantes avec chaleur.

— Et conviction ?

— Avec chaleur. J'ai dit que cette répugnance de nos Françaises contre l'assurance avait été une de ces modes passagères que la masse adopte avec une frénésie inconsciente et repousse tout à coup sans motif. J'ai invoqué, comme preuve d'un retour à de meilleures inspirations, l'immense progrès que nous avons accompli depuis quinze ans dans la propagation de l'assurance, progrès auquel nos femmes ont dû contribuer, au moins passivement.

— Ah! oui! vantez-vous de votre progrès, me répondit-il. Vous avez atteint le chiffre de un sur 360 têtes quand nous en sommes à 1 sur 48 et les Etats-Unis d'Amérique à 1 sur 34.

Du train dont vous y allez, il vous reste encore bien du chemin à parcourir avant de nous rejoindre, et si vos femmes, comme vous le prétendez, ont rompu les lisières qui vous retenaient, vous êtes les vrais coupables, et d'autant plus coupables que vous n'avez pas l'excuse de l'ignorance.

— Au fait, Monsieur le Crésus improvisé, les Anglais

ne sont pas plus bêtes que nous, et, rudesse à part, je trouve que John Bull a du bon.

Reprenons chacun notre rôle : rendez-moi mes enfants et mes millions, redevenez simple assureur et donnez-moi une consultation sérieuse.

— Elle est toute donnée, et je ne sais guère ce que je pourrais y ajouter.

— Ainsi, vous persistez à me conseiller l'assurance comme une chose bonne et utile, même dans ma position ?

— N'ayez aucun doute à cet égard. En admettant que, grâce à votre prudence, vous ne puissiez jamais éprouver un moment de gêne, même pour le payement d'une acquisition imprévue, ou pour solder à bref délai les droits de succession d'un héritage inattendu, ne peut-il pas se présenter lorsque vos enfants seront hors de votre tutelle, et que votre fortune se trouvera très amoindrie par les sacrifices successifs que vous aurez faits pour les doter ou les établir, telle circonstance fâcheuse, une grosse perte sur parole à la Bourse ou au Cercle, qui nécessitera votre intervention en faveur d'un fils ou d'un gendre affolé ?

— Tant pis pour lui ! Je ne payerai pas ses sottises.

— Quoi ! vous laisserez de gaîté de cœur imprimer une flétrissure à votre nom, ou au nom porté par une de vos filles ! Vous infligerez un héritage de honte à vos petits-enfants !... C'est bien la peine d'être millionnaire !

— Diable d'homme !... vous me mettez l'esprit à l'envers. Mais vous n'argumentez que sur des invraisemblances, sur des exceptions.

— Oui, sur des invraisemblances qui trop souvent tournent à la réalité, sur des exceptions de jour en jour plus fréquentes, à ce point qu'elles tendent à primer la règle plutôt qu'à la confirmer, grâce au progrès ruineux du *high-life* parisien qui envahit même nos cités de second ordre.

— Je ne suis pas un caissier perpétuel, il faudra bien qu'ils se contentent de ce que je laisserai à ma mort.

— Qu'avons-nous à faire avec ce vilain mot? On meurt si peu quand on est millionnaire, et cela vient si tard que ce n'est guère la peine d'y songer.

— Eh bien, que me proposez-vous ?

— De vous constituer, soit par une série de primes annuelles, soit par une mise de fonds unique, si vous le préférez, ou par un nombre de versements restreints à quelques annuités, un capital de réserve qui ne devra rien à personne, pas même à vos enfants, et dont vous aurez le libre usage pour faire face dans l'avenir, à toutes les éventualités joyeuses ou tristes qui pourront nécessiter votre intervention tutélaire.

Admettons que ni vos fils ni vos filles ne doivent jamais être contraints de recourir à vous. Dans vingt-cinq ans, dans trente ans vous assisterez au mariage de vos petits-enfants dont l'un au moins sera votre filleul. Ne trouvez-vous pas agréable de lui mettre dans la main, pour son cadeau de noces, une police d'assurance de cinquante ou de cent mille francs arrivée ou sur le point d'arriver à terme ?

— Mais si je mourais avant les échéances de ces contrats ?

— Ah ! c'est si peu probable !

— Enfin, c'est possible !

— Les sommes garanties reviendraient aux bénéficiaires par vous désignés, comme si la totalité des primes eût été versée.

— Et si, dans l'intervalle, un de ces bénéficiaires venait à décéder ?

— Sa part ferait retour aux autres.

— Cette combinaison ne me déplaît pas, mais elle doit coûter gros.

Il est vrai qu'elle n'est pas à la portée de toutes les bourses, mais, pour vous, c'est une misère.

— Voyons !

— Vous avez quarante ans. En versant quinze ou vingt mille francs par an, vous en récolterez six ou sept cent mille et peut-être davantage sur vos vieux jours.

— Miséricorde !... C'est beau, mais c'est cher. Vos Compagnies ne donnent pas leurs coquilles. Il y aurait folie, d'ailleurs, à mon âge, à se croire certain de vivre encore vingt-cinq ou trente ans. J'ai vu disparaître depuis moins d'un an, deux de mes amis de même âge que moi; l'un a été enlevé en huit jours par une fluxion de poitrine contractée à la sortie d'un bal; l'autre est mort des suites d'une chute de cheval.

— Croyez-vous que si, l'an dernier, vos deux amis avaient réalisé la combinaison que je vous propose, la Compagnie n'aurait pas eu à économiser bien des coquilles pour payer immédiatement plus d'un million en échange des quarante mille francs encaissés ?

— C'est vrai... Tenez, prenons une plume et posons des chiffres.

(Il sonne. Un domestique paraît).

Si l'on me demande, dites que je suis en affaires.

(Se ravisant). J'ai donné rendez-vous à mon architecte; qu'on le prie de m'attendre.

(Le domestique sort).

Il a trois enfants... peu de patrimoine, la femme est coquette; ils dépensent à peu près tout ce qu'il gagne.

Je ne le laisserai sortir d'ici que bien et dûment assuré...

— Conquête facile. Votre exemple suffira pour le convaincre.

— Bon ! Voilà que je deviens un de vos agents de propagande.

— Où serait le mal? Cette considération de l'influence du bon exemple devrait être suffisante pour décider les riches qui, peu convaincus de l'utilité de l'assurance relativement à leur position, en reconnaissent néanmoins l'efficacité à l'égard des personnes placées dans des conditions moins heureuses. N'y aurait-il pas une douce satisfaction pour des gens de cœur à songer qu'en accomplissant un acte de prévoyance superflu, si vous le voulez, mais dans tous les cas plus profitable que nuisible, ils préserveront de la misère quelques familles intéressantes de leur entourage dont l'avenir resterait gros de menaces si la pensée de l'assurance sur la vie n'était pas suggérée à leurs chefs?

— C'est, en effet, une bonne chance de plus que j'accepte avec plaisir. Etablissons nos calculs.

LE TALISMAN

LE TALISMAN

Le *Rocher de Cancale* de Bercy, qu'il ne faut pas confondre avec celui de la rue Montorgueil dont notre vieille génération a fait ses délices, était un restaurant d'une physionomie toute particulière.

On arrivait là comme chez soi.

Chacun des habitués apportait son vin, ou se le faisait apporter, dans de grandes carafes, qui du Bordeaux, qui du Bourgogne, et des meilleurs crus.

On entrait d'abord à la cuisine, où on jetait un regard investigateur sur les provisions du jour, parmi lesquelles on faisait un choix savamment médité ; puis, après avoir donné ses instructions au Chef sur le degré de cuisson qu'on préférait pour chaque mets, on montait au premier étage, où s'étalaient des tables de deux, de quatre et de vingt couverts.

Il y a dix années de cela. Le vieux Bercy avait
encore son caractère pittoresque ; aujourd'hui d'im-
menses travaux contre les inondations ont bouleversé
ce quartier et fait disparaître tous ses cabarets en
renom.

J'avais rendez-vous avec un des plus riches négociants de Bercy, qui venait de souscrire un contrat de
cent mille francs, autant peut-être par excès de
bienveillance envers l'apôtre que par conviction, une
prime annuelle d'un peu moins de 3,000 fr. n'étant
pour lui qu'une dépense insignifiante.

— Venez me trouver après-demain vers onze heures
au *Rocher de Cancale*, m'avait-il dit, en sortant de
subir l'examen médical. Nous déjeunerons à la table
commune, vous me présenterez ma police au dessert
et cette exhibition me servira de prétexte pour vous
faire une propagande peut-être efficace, une propagande qui prêche d'exemple.

La table qu'il avait choisie ne tarda pas à être
envahie dès que nous y eûmes pris place, mon client
étant une notabilité dont on avait plaisir ou intérêt à se
rapprocher.

Quand vint le moment psychologique, sur un signe
qu'il me fit, je tirai son contrat de mon portefeuille
et le lui présentai :

« Messieurs, dit-il à ses voisins, je me lance tête

baissée dans l'assurance sur la vie : qui m'aime me suive !

— Ton crédit est-il donc si malade, dit l'un ?

— Et non ! dit un autre, il fait ses préparatifs de départ pour l'autre monde.

Le cher homme paraissait un peu décontenancé par le mauvais accueil fait à sa communication.

Un troisième interlocuteur, sexagénaire, d'une physionomie ouverte et intelligente, se récria en ces termes :

« Ma foi, Messieurs, vous en parlez bien à votre aise, en privilégiés du sort qui n'ont jamais été aux prises avec les difficultés de l'existence.

« Quant à moi, je vous avouerai que je n'aurais pas le plaisir de trinquer aujourd'hui en votre aimable compagnie, si j'avais méconnu, comme vous, l'efficacité de l'assurance sur la vie. Je l'ai employée dans ses applications les plus diverses, elle a été ma planche de salut, ma providence, et, croyez-moi, ne vous hâtez pas trop d'en médire, car elle sera peut-être un jour la sauvegarde de tel qui la dédaigne aujourd'hui.

« J'ai dressé un catalogue des contrats souscrits par moi à différentes époques avec indication du but assigné à chacun d'eux, et des résultats obtenus en regard de ce qu'ils m'ont coûté. Je le tiens à la disposition de ceux d'entre vous qui voudraient en prendre connaissance.

— Monsieur, lui dis-je, vous rendriez peut-être un grand service à des milliers de familles en le publiant.

— C'est possible, me répondit-il, mais je ne suis pas un lettré et ne me soucie guère d'appeler l'attention sur moi.

— Cependant, vous n'avez pas rédigé ce mémoire uniquement pour votre satisfaction personnelle ?

— En effet, j'ai pensé et même espéré qu'après ma mort sa lecture pourrait n'être pas inutile à ceux entre les mains desquels il tomberait.

— Il y a un moyen de concilier vos velléités de propagande bienfaisante avec votre modestie : confiez-moi ce manuscrit en m'autorisant à le faire imprimer s'il me paraît de nature à exercer une influence salutaire sur le public.

— Soit, me dit-il, pourvu que vous ne me nommiez pas.

— J'en prends l'engagement d'honneur.

Deux jours plus tard j'étais en possession des pages suivantes :

SOUVENIRS D'UN ASSURÉ

Je suis né en province, au commencement de l'année 1810. Mon père était banquier, riche et considéré. Une foule de parents, d'amis et de clients sourirent à mes premières grimaces. Tous me prédirent une brillante destinée.

Mon parrain, un frère de ma mère, qui passait pour maniaque, déposa sur mon berceau, le jour du baptême, un parchemin acquis au prix de mille francs, qui devait, disait-il, avoir plus tard une grande valeur.

Cette manifestation d'une prévoyance jugée alors superflue eut un grand succès d'hilarité. Un de mes cousins, qui m'avait suspendu au cou un hochet précieux, compara mon bienfaiteur aux bons génies grotesques des contes de fées, dont les poches sont bourrées de talismans pour les jours difficiles.

Il ne savait pas dire aussi juste.

J'allais atteindre ma majorité quand mon père fut ruiné par la crise qu'amena la Révolution de 1830. Ma mère mourut de chagrin, les bijoux, y compris mon hochet, furent vendus un à un pour faire face à nos besoins, Il ne me resta plus comme dernière ressource que le présent de mon parrain.

C'était un contrat par lequel une société tontinière me promettait le paiement d'un capital indéterminé si j'étais vivant à l'âge de vingt-et-un ans.

J'écrivis à l'administration qui me répondit que mon lot s'élevait à trois mille et quelques francs, qu'elle offrait de payer sur le vu de mon titre.

Il y avait loin de la réalité aux rêves dorés de mon parrain, mais ce secours providentiel était une ressource précieuse qui me permettait d'arracher mon père aux lieux témoins de son désastre en me fixant avec lui à Paris dans l'attente d'une position, ce que je m'empressai de faire.

Le Talisman commençait son effet.

Après quelques semaines d'incessantes démarches, j'obtins un emploi chez un de nos anciens correspondants, négociant en laines de la rue des Bourdonnais, vieux garçon jovial et finaud, intelligent et paresseux, gros et goutteux, qui fut bien aise, après m'avoir mis à l'épreuve, de se débarrasser sur moi de sa correspondance et de ses écritures.

Mes appointements étaient modestes, mais nous vivions sobrement.

J'envisageais l'avenir avec confiance et presque avec joie. Le seul point sombre de mon humble existence était la crainte d'une mort prématurée qui eût laissé mon pauvre père dénué de toute ressource. Plus je voyais renaître la sécurité dans son cœur, plus cette crainte s'emparait de moi et tendait à devenir une idée fixe, au détriment de mon repos.

Un jour, je trouvai sous ma main le prospectus et les tarifs d'une de ces puissantes Compagnies d'Assurances sur la vie. qui ont substitué, si avantageusement pour le public, des garanties fixes et certaines aux billevesées aléatoires des tontines. Je le lus en souvenir de mon parrain : Ce fut pour moi une révélation providentielle.

J'appris que, par une *Assurance de survie*, je pouvais, moyennant la faible prime annuelle de 78 francs, assurer à mon père une rente viagère de 1,200 francs pour le cas où je mourrais avant lui. J'avais 22 ans, il en comptait 70. Les chances probables étaient en faveur de la Compagnie. Je n'en accueillis pas moins avec bonheur cette combinaison.

Ce contrat d'assurance est le premier traité que j'aie signé de ma vie. Le paiement de la prime fut plutôt pour moi un soulagement qu'une gêne.

En effet, j'avais commencé par m'imposer toutes sortes de privations afin de former un semblant de capital pour mon père; maintenant que son avenir était assuré, je n'y regardais plus d'aussi près.

Depuis lors j'ai souvent déploré que les opérations si variées des Compagnies d'assurances sur la vie ne fussent pas mieux connues. Que de fils en France, dans la position où j'étais, se réjouiraient de pouvoir acquérir à si peu de frais une sécurité complète sur l'avenir de leurs vieux parents!

De simple commis, je devins employé principal, puis fondé de pouvoirs de mon patron.

Un jour qu'il souffrait d'un de ses accès de goutte, il me fit appeler dans sa chambre pour me confier ses impressions.

Il était las des affaires et songeait à prendre sa retraite : « Quel malheur que vous n'ayez pas un petit capital, me dit-il, je vous aurais mieux aimé pour mon successeur que tout autre! Mon commerce est bon, ma maison est très connue, j'y laisserais bien 50,000 fr, pour 20 ans, vous y feriez votre fortune et je n'aurais jamais aucun ennui avec vous. »

Cette ouverture me flattait, mais elle ne me laissait aucun espoir. Je gardai le silence. Vous comprenez bien, poursuivit mon patron, comme un homme qui cherche à se convaincre lui-même, que je ne puis vous livrer ma maison sans garanties. Je vous sais honnête, laborieux et intelligent; tout irait bien tant que vous seriez là, mais si vous veniez à mourir, et cela se peut à tout âge, que deviendrais-je? Pour reprendre ma créance, il me faudrait reprendre ma chaîne, c'est-à-dire mon fonds... Non, c'est impossible, je veux être sûr de vivre tranquille. »

Je sentais que cette raison majeure était bien la seule qui arrêtât les dispositions généreuses de mon patron.

La situation était grave, il s'agissait pour moi d'une fortune inespérée; j'eus encore recours au talisman de mon parrain.

Je retournai à la Compagnie qui avait consenti ma première assurance au profit de mon père et j'y demandai un avis relatif à ma situation présente; on me conseilla une *Assurance Mixte* de 50,000 francs pour une durée de 20 ans (j'avais 30 ans). Contre un versement annuel de 2.395 fr. la Compagnie prenait l'engagement de me compter 50,000 francs, dans 20 ans, si j'étais vivant, et de payer immédiatement cette même somme à mon commanditaire, si je mourais dans l'intervalle.

Mon homme s'extasia d'une pareille application de l'assurance sur la vie, institution qu'il connaissait à peine de nom, puis il manifesta sur la solvabilité de la Compagnie des doutes qui tombèrent bien vite devant l'unanimité favorable des renseignements, et il accepta enfin ma proposition en se déclarant aussi satisfait que moi de la solution qu'elle venait favoriser.

Le jour où je lui apportai mon contrat d'assurance il me tendit un acte de vente simple et correct.

Nous faisions l'un et l'autre une bonne affaire : mon patron me cédait son fonds, un peu plus cher qu'il ne l'aurait pu vendre à un acquéreur mieux pourvu, et moi je l'obtenais sans bourse délier.

J'étais donc enfin sur le chemin de la fortune, et cela, grâce au présent de mon parrain.

Malheureusement mon père n'était plus là pour jouir de cette chance inespérée. N'ayant plus de famille, je ne tardai pas à m'en créer une.

Mon prédécesseur avait raconté à plusieurs de ses amis, comme un fait héroïque, l'assurance souscrite par moi dans mes jours de pauvreté au profit de mon excellent père. L'un d'eux avait une fille. On m'offrit sa main ; comme cette main appartenait à une aimable et sage héritière je l'acceptai avec empressement.

Au bout d'un an nous étions trois, j'avais une fille. Pareil événement entraîne la formation d'une dot ; j'y songeai aussitôt, et avant que notre fillette pût balbutier deux syllabes, je conclus une *Assurance à terme fixe* qui lui garantissait une somme de 20,000 fr. payable à l'époque de sa majorité.

Je m'engageais pour cela à verser chaque année une somme de 776 francs : il était convenu que si je mourais dans l'intervalle, tout paiement cesserait et que les 20,000 francs ne lui en seraient pas moins acquis à l'époque indiquée.

Ainsi, que je fusse mort ou vivant, ma fille était dotée, et d'un autre côté, si nous avions le malheur de la perdre, le capital préparé pour elle restait notre propriété.

Mais je vous vois sourire en calculant mentalement ce qu'il a dû m'en coûter.

Vous reconnaissez que tout cela était très bien combiné, à une condition que je ne me suis pas soucié de remplir, celle de savoir mourir un an ou deux après la souscription de mes contrats.

Vous concluez mentalement que ma sotte persistance à vivre a dû rendre ces contrats bien onéreux.

Pas autant que vous le croyez... J'en ai fait le compte.

J'ai payé :

1° Pour rente éventuelle de mon père, trois annuités de 78 francs, soit. . . . . 234 fr.

2° 20 primes de 2,395 francs pour mon *assurance mixte* de 50,000 francs. . . 47.900

3° 20 primes de 776 francs pour mon *assurance à terme fixe* de 20,000 francs. 15.520

      En tout. . . . . . . 63.654 fr.

pour recevoir 70,000 francs.

Vous m'objecterez que j'aurais pu employer mon argent plus fructueusement en le plaçant comme tout le monde.

La réponse est facile.

Un contrat qui, en toute éventualité, garantirait tous les avantages à l'un des contractants serait absurde et, par suite, je me méfierais de la Compagnie qui prétendrait m'en faire jouir.

La Compagnie d'assurances s'étant engagée à payer intégralement, dans un cas donné, une somme dont elle pourrait n'avoir reçu qu'une faible partie, n'était-il pas juste que si l'évènement qui devait la constituer en perte n'avait pas lieu, elle réalisât un bénéfice en compensation du risque couru ?

. . Pendant vingt ans je lui avais été redevable d'une sécurité complète sur le sort des miens pour le cas où je serais venu à leur manquer.

Comptez-vous cela pour rien ?

J'avais pu grâce à mes contrats, qui étaient une commandite morale, me créer un crédit inespéré que la plus honnête et la plus confiante des maisons de banque, si, par miracle, il s'en était trouvé une assez paternelle pour me cautionner sur ma bonne mine, m'eût fait payer au taux le plus usuraire, vu le manque de garanties matérielles.

En définitive, cette brave Compagnie m'a restitué la

totalité de mes versements avec une majoration d'un
dixième, et de plus, pendant la durée de ces contrats,
j'ai touché une participation aux bénéfices représentant
un intérêt moyen de 2 1/4 o/o.

J'avais donc fait une série de placements équivalent
pour la solidité et le rendement à des placements en
propriétés rurales.

J'ai questionné un grand nombre de négociants de
mon âge pour savoir s'ils avaient tiré meilleur parti que
moi de leurs épargnes : les uns m'ont avoué qu'ils
avaient dépensé leurs bénéfices au fur et à mesure de
leur réalisation ; les autres, qu'ils s'étaient laissé séduire
par des valeurs de spéculation et qu'ils avaient perdu la
moitié de leur fortune ; ceux-ci, qu'ils s'étaient fait
construire une maison dont le devis avait été doublé et
qu'ils s'étaient endettés ; ceux-là, qu'ils avaient confié
leurs fonds à une maison de Banque, dont le gérant
s'était enfui en emportant la caisse ; pas un, en somme,
n'avait mieux opéré que moi, et surtout, n'avait joui
de la même tranquillité d'esprit.

J'étais arrivé à la fin de ma carrière active, j'avais
52 ans, mes affaires prospéraient, mon prédécesseur
était remboursé depuis longtemps. Je n'avais plus qu'un
souci, trouver un jeune homme auquel je pusse confier
en toute sécurité ma fille et sa dot.

Mon embarras ne fut pas de longue durée, car ma

femme me fit bientôt confidence du penchant que notre chère enfant ressentait pour un jeune ingénieur qui habitait avec sa mère la même maison que nous.

Ce candidat ne me plut pas tout d'abord, malgré l'honorabilité de sa famille et la position lucrative qu'il occupait dans une Compagnie de chemin de fer.

Son extérieur était distingué mais un peu maladif, son caractère franc mais timide, son esprit cultivé mais rêveur, son humeur souvent morose touchait au fantasque ; je n'avais pas plus confiance en sa santé qu'en son jugement, et comme l'on dit vulgairement. je ne croyais pas à sa chance.

Cependant, ce n'était qu'une impression ; je ne pouvais m'appuyer sur elle pour résister à ma femme et à ma fille, et je dus consentir au mariage : toutefois, j'y mis une condition. c'est que mon futur gendre contracterait une *Assurance sur la vie entière*, pour le montant de la dot, au profit de sa femme. J'avais deux motifs pour agir ainsi : le premier de m'assurer par le fait de l'acceptation de la Compagnie, après l'examen du médecin. que ce jeune homme. malgré sa piètre mine. n'était pas en mauvaise santé ; le second. de garantir à ma fille un capital qui viendrait remplacer dans son ménage les appointements du mari, au décès de ce dernier.

Cette fois, malheureusement, on ne peut pas

m'accuser d'avoir conseillé un placement à 2 o/o ; mon
gendre mourut avant la quatrième lune de miel,
emporté par une fluxion de poitrine contractée à la
sortie d'un bal ; il n'avait payé qu'une seule prime de
512 francs, et je touchai pour ma fille 20.000 francs.
c'est-à-dire 40 fois la somme avancée ; il aurait fallu à
mon gendre plus de vingt années pour constituer ce
capital avec une pareille épargne annuelle.

Ma fille, absorbée par sa douleur, ne put apprécier
la sagesse de ma précaution, mais toutes les mères
devraient comprendre combien une pareille ressource
serait précieuse pour leurs filles, exposées au malheur
de perdre accidentellement celui dont le travail est
souvent la seule fortune de la famille, le seul élément
de la dot de leurs enfants.

Je passe ici les années paisibles que nous avons vécues
à trois avec notre chère veuve ; je passe les années où nous
l'avons vu s'affaiblir, le jour où nous l'avons perdue, après
l'avoir soigné de toutes nos forces et de tous nos cœurs.

J'ai aujourd'hui 66 ans, ma femme en a 58 ; c'est
l'âge du repos, nous avons besoin de soins et de
confortable et je ne puis plus songer à augmenter mes
rentes par mon travail.

J'éprouvai donc une douloureuse émotion en appre-
nant, il y a quelques mois. que nous étions à moitié
ruiné par la réduction des rentes ottomanes.

Révéler ce malheur à ma pauvre compagne était chose d'autant plus embarrassante pour moi, qu'ennemie déclarée de tout placement sur des valeurs étrangères. elle avait protesté vivement contre mon imprudente fantaisie.

Le remède vint soudain s'offrir à mon esprit : *la rente viagère*.

J'ai réalisé les 150,000 francs qui me restaient pour les placer en *rente viagère* sur nos deux têtes avec réduction d'un quart au premier décès, et comme j'ai obtenu ainsi près de 10 o/o d'intérêts, nos revenus n'ont pas été diminués.

Ce sera bien, je pense, la dernière opération financière de ma vie.

Maintenant, nous vivons absolument tranquilles. débarrassés de toute préoccupation d'affaires, indifférents aux cours de la bourse, qui m'ont fait passer tant de nuits blanches, sans nul souci des irradiés du sultan et tenant pour bien meilleure que celle d'un souverain étranger la garantie d'une loyale Compagnie qui agit sous nos yeux et sous le contrôle vigilant du Gouvernement.

Nous nous sommes assez dévoués autrefois pour avoir aujourd'hui le droit d'être un peu égoïstes, et je le confesse, nous le sommes au point de désirer vivre encore longtemps, quoi qu'il doive en coûter à la Compagnie qui ne nous boudera pas pour cela.

Dans la première période de ma carrière, alors que mon travail était nécessaire aux miens, je m'étais assuré contre les chances de mort ; plus tard, habitués à dépenser plus que notre revenu, nous étions fatalement appelés à entamer notre capital. Nous pouvions le faire, il est vrai, puisque nous n'avions pas d'héritiers, mais dans cette situation nous avions une nouvelle éventualité à craindre, celle d'une longue vieillesse qui aurait amené une fin misérable. Nous nous sommes assurés *contre la vie* en devenant rentiers viagers : quelle qu'en soit la durée. nous jouirons d'une aisance toujours égale.

En somme, j'ai été constamment le client des Compagnies d'assurances et n'ai jamais eu lieu de le regretter.

J'ai donc écrit ces lignes pour l'édification de mes amis.

Puissent-ils, en les lisant, se convaincre par mon exemple que, du berceau à la tombe, il est de nombreuses situations où rien ne peut remplacer l'utile et intelligent concours de cette bienfaisante institution.

UNE PIERRE DE TOUCHE

UNE

PIERRE DE TOUCHE

———

Paris, 7 novembre 1883.

Madame Clémence Lebrun.

Place du Capitole,

Toulouse.

Ma chère femme,

Je resterai absent un jour de plus ; tu m'excuseras, je l'espère, quand tu connaîtras la cause de ce retard.

Je viens de rencontrer, sur le pavé de la capitale, le plus intime de mes amis d'enfance, que je croyais égaré à tout jamais au fin fond du Soudan

Oreste a retrouvé Pylade.

Il y a de cela moins d'une heure, et voilà notre amitié

ravivée aussi complétement que si nous ne nous étions jamais perdus de vue.

Je sortais de chez un confrère, et je m'acheminais lentement vers mon hôtel, en pensant à tous les achats d'étoffes et de colifichets que tu veux bien confier par ta lettre d'hier à mon inexpérience masculine, lorsqu'une averse inattendue, contre laquelle je n'avais d'autre arme défensive que ma canne, devint le signal d'un sauve-qui-peut général. Je m'abritai sous la voûte d'une porte cochère, qui ne tarda pas à être envahie par une masse compacte de réfugiés des deux sexes.

J'étais là, fixe, immobile, serré aux coudes et bayant aux corneilles, depuis une vingtaine de minutes, quand je fus frôlé par un jeune homme qui s'efforçait de percer la foule en s'excusant courtoisement de son importunité forcée. Au premier aspect, j'avais hésité à le reconnaître; mais à peine m'eût-il dépassé que mon incertitude cessa.

« Hé! » dis-je assez haut pour être entendu de lui, « c'est Frédéric! »

Il tourna la tête, et, m'ayant dévisagé d'un coup d'œil: « Mon brave René! » s'écria-t-il, en s'avançant vers moi et en me serrant la main, « que tu es aimable d'avoir pensé à venir me voir! »

Tu dois avoir conservé un souvenir plus ou moins vague de Frédéric Martin, tu sais, le petit Frédéric, le fils de ce vieux et pauvre magistrat en retraite qui demeurait au-dessus de l'Etude de ton père et qui m'y introduisit comme clerc, en pronostiquant que je deviendrais un jour ton époux et l'un des meilleurs avoués de Toulouse. (Je ne fais que citer).

Au collège, le jeune Martin avait été surnommé le Poëte ; il portait toujours sous le bras les *Méditations* de Lamartine. Nous discutions souvent, avec une gravité doctorale, sur des points de littérature, de philosophie et de morale, et les questions les plus ardues ne nous semblaient pas au-dessus de notre taille.

Nous étions très précoces, comme tu le vois, ce qui n'est pas rare chez nous autres méridionaux.

J'avais déjà l'esprit assez frondeur et je commençais à me défier des hommes et des choses : Frédéric, au contraire, était un véritable optimiste. Je me souviens qu'il ne manquait pas une occasion de soutenir avec ténacité que la bienveillance et le dévouement sont la principale essence de l'homme ; que la fréquence des déceptions dont il est assailli, et les nécessités de la lutte contre les intempéries du sort, peuvent refouler bien souvent au fond de son cœur ses aspirations généreuses, mais sans parvenir à les étouffer.

A la mort de son père, Frédéric s'était engagé dans une expédition scientifique pour explorer le centre de l'Afrique. Il est revenu à Paris depuis trois années. Il paraît avoir conservé intactes ses illusions puériles et honnêtes. A l'en croire, il rencontre chaque jour des types accomplis de désintéressement, des parangons d'abnégation sans alliage.

A la faveur de ces billevesées, qu'il débite avec une sincérité des plus comiques, il a fait son chemin dans une Compagnie d'Assurances sur la vie, dont les bureaux sont installés dans la maison où je l'ai rencontré, et, pour peu qu'on l'en pressât, on lui ferait avouer qu'il se figure exercer un véritable apostolat. On vient, dit-il. le consulter à chaque instant sur les plus graves sujets.

Oui, ma chère, mon ami donne des consultations tout comme moi. Il prétend, de plus, posséder un remède souverain contre la misère, un secret infaillible pour métamorphoser le cuivre en argent pur et de faire de l'or avec de l'argent. Il ne s'agit que d'y mettre de la bonne volonté.

Il est convenu que nous dînons ensemble et que je passerai la journée de demain dans son bureau, afin de pouvoir juger par moi-même de l'importance humani- taire de ses occupations habituelles.

Je ne pouvais me refuser à cette épreuve, qui, d'après lui, doit bouleverser toutes mes idées, et me convertir entièrement à ses vieilles utopies philanthropiques ; mais je t'avoue que je me dispose à rire un peu de lui et des arcanes de la merveilleuse institution à laquelle il veut m'initier. Pour le dédommager de cette journée qu'il te vole, je te promets un procès-verbal consciencieux et détaillé de tout ce que je verrai et entendrai.

A demain donc, ma chère Clémence! j'ai bien peur de rester toujours le sceptique endurci qui, sans toi et nos chers bébés, ne trouverait pas grand'chose de bon et d'aimable dans ce pauvre monde d'égoïstes et d'intrigants.

René Lebrun.

Paris, 8 novembre 1883.

Madame Clémence Lebrun,

Place du Capitole,

Toulouse.

Ma chère femme,

Me voici à mon poste d'observation. Frédéric m'a fait asseoir à son bureau, en face de lui, à la place du sous-chef, qui est en congé.

Je perçois dans l'antichambre les éclats d'une toux caverneuse et opiniâtre : si l'exécuteur de cette symphonie vient ici pour assurer sa vie. je serais tenté de crier au voleur.

Le voici: attention !

Je ne m'étais pas trompé. Son plumage ressemble à son ramage: teint blafard, lèvres minces, vêtements sordides, tout en lui me rappelle l'aspect de certains de mes clients.

Tu ne devinerais jamais ce qu'il vient demander: je lui cède la parole.

« J'ai lu dans un de vos prospectus que votre Compagnie fait des prêts sur ses contrats.

— En effet, monsieur.

— Très bien! Je désire emprunter 20,000 fr: je vais m'assurer pour cette somme; vous me l'avancerez sous déduction, bien entendu, du montant de la première prime que je vous autorise à prélever sur *mon* capital.

— Mais, Monsieur, si nous faisions des opérations de ce genre, il nous faudrait des gardes à cheval pour maintenir la foule: nous serions envahis. Il est vrai que nous prenons l'engagement de faire à nos assurés des prêts d'une importance proportionnée à la valeur acquise par leur contrat en raison des primes qu'ils nous ont déjà versées; mais nous ne faisons jamais d'avances proprement dites. Notre Compagnie n'est pas une maison de banque ordinaire. Au lieu d'escompter des valeurs à échéance prochaine au profit des porteurs, elle escompte les espérances de ses clients au profit de leurs héritiers; c'est-à-dire que chez nous, en dix minutes, le père de famille peut acquérir pour les siens un capital dont la réalisation lui demanderait, sans notre aide, vingt ou vingt-cinq années de travail et d'économie.

Êtes-vous marié?

— Oui, Monsieur, mais ma femme est toujours malade, je ne vois pas la nécessité de penser à son avenir.

— Vous avez sans doute des enfants!

— Oui, Monsieur, et ils m'ont assez coûté pour leur instruction; enfin, aujourd'hui, ils sont bien casés; je n'ai plus à m'inquiéter d'eux. Je venais vous proposer une affaire, elle ne nous convient pas, n'en parlons plus. Je n'ai pas le projet de faire autre chose, je n'ai surtout nullement l'intention de mettre ma vie en jeu au profit des autres. »

Et en nous saluant, il reprit sa quinte catarrhale qui semble être la conséquence obligée de ses moindres mouvements.

Pendant cette conversation, la mine de Frédéric s'était singulièrement allongée; je riais sous cape. Je ne pus m'empêcher de lui dire que je venais, grâce à lui, de constater une fois de plus les fâcheuses tendances de l'espèce humaine, et que probablement l'expérience à laquelle je me prêtai n'amènerait pas d'autres résultats.

« Tu te hâtes trop de triompher, me répondit Frédéric : voilà bien comme vous êtes, Messieurs les esprits forts : vous prétendez ne jamais rien admettre sans preuve ; mais, comme vous avez un parti-pris, vous ne consentez à voir que ce qui vous convient, et il vous suffit d'une exception pour établir des règles générales, que vous appliquez ensuite avec une rigueur systématique en toute occasion.

« Ce podagre est une exception, et justement il personnifie en lui les trois grands ennemis de l'assurance l'*Egoïsme*, l'*Ignorance* et la *Poltronnerie superstitieuse*. »

Nous allions entreprendre une discussion en règle à l'occasion de ce triste personnage, quand nous vîmes entrer un homme d'un âge mûr, de taille moyenne et bien portant, à la physionomie franche, gaie et décidée, un de ces hommes tout ronds, au moral comme au physique. Ses vêtements propres, mais plus commodes qu'élégants, et sa manière de se présenter, polie mais un peu familière, indiquaient nettement un individu moins soucieux de l'étiquette que de ses aises.

« Je viens pour m'assurer, dit-il ; je vais avoir quarante ans dans trois jours : combien cela me coûtera-t-il ? »

Mon ami lui indiqua la prime annuelle pour une assurance de dix mille francs.

— Et pour cent mille francs ?

— Ce sera dix fois plus. Est-ce le chiffre que vous avez l'intention de faire ?

— Vous mettrez deux cent mille francs.

— C'est une belle assurance...

— Et ce n'est pas trop ; ma famille est plus intéressée à ma vie qu'à ma mort. Je suis entrepreneur de travaux publics. J'étais arrivé à Paris sans un rouge liard ; j'ai commencé par soumissionner de petits travaux de terrassement, et maintenant quoique je possède quelque fortune, comme j'ai le feu sacré des affaires, je ne puis pas m'arrêter et je me lance toujours dans de nouveaux travaux ; mais je me le reproche quelquefois en pensant que, si je venais à mourir au milieu d'une de mes entreprises, je laisserais peut-être une liquidation difficile. Seul je connais ma situation, je ne sais pas comment on la débrouillerait après moi, et j'ai deux enfants, un fils et une fille. auxquels je veux avant tout, épargner les souffrances et les périls que j'ai eu à braver dans ma jeunesse. Je ne suis pas de ceux qui disent: J'en laisserai toujours plus à mes enfants que je n'en ai reçu de mes parents. C'est un mot d'égoïste et d'imbécile. Quand on se donne le luxe d'élever ses enfants dans l'aisance, on leur crée des habitudes qui deviennent des besoins, et on a le devoir de leur faciliter les moyens de les satisfaire. Ceux qui ont tâté du bien-

être dans leur jeunesse supportent plus difficilement
la gêne que les enfants d'ouvriers. Maintenant je vais
avoir le cœur content : je pourrai, sans crainte, persister
à travailler. C'est ma manie, que voulez-vous ! L'entreprise, ça m'amuse plus que la pêche à la ligne. Si je
continue à réussir, la fortune des miens sera doublée ;
si je perds ce que j'ai gagné, l'assurance leur restera
toujours ».

Notre entrepreneur signa la proposition que mon
ami avait rédigée pendant son monologue, et demanda
quand il fallait revenir pour reprendre sa police et payer
sa première prime.

« Tout sera prêt demain, mais à une condition, c'est
que vous viendrez ce soir à l'heure de la visite de notre
médecin et que vous aurez de lui un certificat favorable,
ce dont je ne doute pas un instant.

— Ah ! c'est juste, vous voulez savoir si je ne suis
pas un moribond. Votre docteur sera plus malin que
moi s'il me trouve quelque chose : je ne me souviens
pas d'avoir jamais été malade, sauf un jour où j'ai reçu
une poutre sur l'épaule. Vous garantissez bien vos
assurés en cas de mort par suite d'accident ?

— Oui, dans tous les cas.

— Eh bien ! à ce soir ».

« L'heureux mortel ! m'écriai-je aussitôt qu'il fut parti.
Je voudrais bien être à sa place : on a le droit d'être

fier quand on peut estimer sa vie à un pareil prix ».

Ce fut ensuite le tour d'un ingénieur civil, ancien élève de l'Ecole Centrale. qui. à la suite d'un brillant examen. avait été signalé par ses professeurs au Consul général du Pérou, pour la direction des travaux d'un nouveau port.

Il venait d'être engagé pour cinq ans avec un traitement annuel de 25,000 francs.

Ce jeune homme était redevable de sa bonne fortune au dévouement d'une de ses sœurs qui avait renoncé. en sa faveur, à sa moitié du modeste héritage paternel, pour lui permettre de continuer ses études, et à la prévoyante libéralité de ses anciens camarades, dont la Caisse de secours lui avait fourni les moyens de faire face à ses frais d'équipement, de voyage et de première installation.

Il était donc certain de revenir du Pérou — s'il en revenait — nanti d'une petite fortune. Mais, pour satisfaire à d'honorables scrupules de conscience. il venait souscrire un contrat aux termes duquel la Compagnie était chargée de compter, dans le cas de son décès, 20,000 fr. à sa sœur, et 5,000 fr. à la Caisse de Secours des anciens élèves de l'Ecole Centrale.

Ce dernier client avait aussi bonne mine et paraissait jouir de la même satisfaction intime que le jovial entrepreneur qui l'avait précédé.

Voilà deux candidats, dis-je à Frédéric, qui seront certainement acceptés par votre médecin ; mais qu'arriverait-il si c'était le contraire ? Il me semble qu'un avis défavorable doit avoir de bien fâcheuses conséquences pour la santé du refusé ».

Mon ami me répondit qu'il n'avait jamais rien vu de pareil, grâce au tact du docteur de la Compagnie ; il me cita même plusieurs cas où cette formalité de la visite médicale a sauvé la vie des personnes qui s'y étaient soumises, en leur révélant les premiers symptômes d'une maladie encore latente, à laquelle elles auraient succombé si elles n'eussent été prévenues à temps. Il avaient appris cela par les intéressés eux-mêmes, car il paraît que le médecin de la Compagnie garde le secret professionnel le plus absolu sur les résultats de son examen ; il donne son avis sans le motiver. Les employés n'ont jamais connaissance de la cause du refus, s'il y en a un.

Cette visite, du reste, ne rappelle en rien celle du Conseil de révision. Elle consiste en un interrogatoire sommaire de quelques minutes.

Nous fûmes tirés de cet entretien par le bruit sec et bien rhythmé de deux petits talons de cuivre et par le séduisant accompagnement d'une traîne de soie sur le parquet. Le souvenir des précédents visiteurs disparut vite à l'arrivée d'une jeune et jolie femme qui, s'adressant à mon chef de bureau d'un petit air délibéré, quoique d'un ton de voix embarrassé, lui demanda si elle pouvait lui parler en particulier au sujet d'une assurance.

Frédéric lui ayant répondu que j'étais de la maison, et moi m'étant penché sur mon buvard comme un homme entièrement absorbé par sa besogne, quoique j'ouvrisse mes deux oreilles avec la plus impatiente curiosité, la gracieuse visiteuse reprit un peu de hardiesse et se décida à exposer l'objet de sa démarche.

Elle est artiste lyrique. Née à Milan où son père était luthier, elle y a laissé une nièce de deux ans, orpheline. Cette enfant est élevée par sa grand'mère dont la position est très modeste. Mlle X... peut compter, dans une certaine mesure, sur la générosité et sur le dévouement de ses parents pour le cas où elle serait prématurément enlevée à sa nièce. Ils continueraient sans doute de pourvoir à son éducation, mais ils n'auraient pas assez de fortune pour la doter.

Elle avait entendu dire qu'on pouvait remédier à cette éventualité au moyen d'une assurance, et elle désirait avoir des renseignements précis et complets à ce sujet.

Frédéric lui conseilla une opération assez ingénieuse, une *assurance à terme fixe*, si je me souviens bien; c'était une assurance à double effet, qui lui permettrait, si elle était encore vivante à la majorité de l'enfant, de recevoir elle-même la dot qu'elle lui destinait, et qui, dans l'éventualité contraire, constituerait cette même dot en faveur de l'enfant, sans que personne, à l'avenir, eût rien à payer pour cela. Comme elle partait pour l'Italie, d'où elle se rendra probablement en Amérique, il fut convenu que la prime serait payable à Paris, chez son agent dramatique.

La jeune tante écoutait avec les yeux les plus intelligents du monde ; elle saisissait les plus ardus détails de l'affaire, et elle les discutait comme elle aurait fait s'il se fût agi d'un engagement pour une saison théâtrale.

Rien n'est curieux et digne d'observation comme la vue de ces natures frêles, romanesques, enclines à toutes les folies, par-dessus tout absolument ignorantes des choses de la vie, habituées cependant à lutter seules contre les évènements, et à compter comme des caissiers de banque. C'est un contraste qu'on rencontre chez tous les êtres faibles qui ont eu à supporter, sans soutien, la lutte pour l'existence.

Je restais pensif, à son départ, lorsque j'entendis frapper doucement à *notre* porte.

« Encore une femme ! » dis-je avec un sourire de contentement.

C'était un officier de dragons.

La précédente visiteuse avait embaumé notre bureau,

celui-ci l'illumina avec l'or de ses épaulettes et l'éclat de ses boutons et de ses décorations.

« C'est bien ici qu'on s'assure ?

— Oui, mon capitaine.

— Je voudrais assurer mon père.

— Quel est l'âge de Monsieur votre père ?

— Soixante-douze ans.

— Cela lui coûtera bien cher.

— Je regrette, en ce cas, de vous avoir dérangé, mais on m'avait dit que, pour peu de chose par an, je pouvais lui acquérir 1.200 francs de rentes payables après mon décès.

— Je vous comprends, maintenant : vous désirez vous assurer au profit de votre père, c'est ainsi que nous disons dans notre langage d'assureurs :

L'assurance reposera sur votre tête ; mais, en réalité, c'est Monsieur votre père qui sera l'assuré, puisque le contrat lui garantira la jouissance d'une rente viagère de 1,200 francs dans le cas où vous mourriez avant lui, contrairement aux lois de la nature. En effet, pour une combinaison de ce genre, vous aurez une très faible annuité à payer.

— Voilà justement ce que je voulais.

Frédéric lui indiqua le montant de la prime correspondant aux âges du fils et du père. « A ce prix-là, dit joyeusement l'officier, nous pouvons porter la rente à

1,500 francs, sans dépasser les prévisions de mon budget. »

Il prit rendez-vous pour la visite médicale et, en se retirant, remit sa carte à mon ami.

« Sais-tu quel est ce jeune homme ? me dit Frédéric, en venant s'asseoir après l'avoir accompagné : c'est le marquis de T..., un cœur aussi noble que courageux. Je connais son histoire ou plutôt celle de son père. Ce dernier était un viveur à la mode, un membre du Jockey-Club, un amateur de courses qui a mangé quatre millions en folies ; il est complètement ruiné, sa femme est morte de chagrin : aujourd'hui il ne vit que grâce au dévouement de son fils. Le jeune marquis s'impose les plus dures privations pour soutenir son vieux père que tant d'autres fils auraient maudit. Tu viens de voir jusqu'où va son amour filial (les rôles sont intervertis), je devrais dire son amour paternel. »

En achevant cette explication, mon vieux camarade me regardait d'un air vainqueur ; il semblait me dire : Eh bien es-tu assez éclairé ? L'expérience est-elle assez décisive ? Croiras-tu maintenant aux sentiments généreux et aux nobles dévouements ?

Je te l'avoue, ma chère femme, je commençais à douter de la force de mes théories sceptiques : toute mon incrédulité n'avait pu tenir contre ce défilé de braves cœurs, et j'étais bien près de me reconnaître battu, surtout lorsque je comparais en moi-même la journée d'un assureur, à laquelle je venais d'assister, à celles que je passe ordinairement dans mon cabinet.

En quelques heures, Frédéric venait de contribuer à une série de bonnes actions ; il avait consolidé l'avenir de toute une famille, garanti le remboursement d'une dette d'honneur, préparé la dot d'une orpheline, mis un vieillard à l'abri de la misère. Dans le même temps qu'aurais-je fait ? Commencé un procès en séparation. demandé des comptes de tutelle à une veuve dissipatrice du bien de ses enfants. assigné un fils dénaturé en constitution d'une pension alimentaire pour ses vieux parents ; je me serais inscrit en faux contre un testament authentique, etc.

Décidément, je ne puis le nier, il a sous les yeux le plus beau côté du cœur humain, tandis que je n'en vois guère que le plus vilain. J'ai lu souvent les rapports au sujet des prix Montyon à l'Académie sans y rien trouver qui m'ait touché davantage. On y cite quelques traits de vertu glanés dans toute la France, et encore n'ont-ils pas été enjolivés pour la circonstance ? N'est-ce pas de la vertu d'apparat. Ce que je viens de voir, c'est la vertu de tous les jours, une vertu qui s'ignore, et se pratique simplement, comme une chose ordinaire.

Je cherchais à dissimuler ma défaite, en feignant de me préoccuper surtout de ce fait que toutes les personnes qui se présentaient pour s'assurer paraissaient jouir d'une excellente santé. J'aurais été disposé à croire le contraire. Je m'étais imaginé que les rares clients de l'assurance se composaient de quelques malheureux atteints d'un mal mortel, mais encore facile à cacher, qui n'hésitaient pas à payer deux ou trois primes pour enrichir leur famille. Ils avaient au moins ainsi la satisfaction de se venger sur les assurances du triste sort qui leur était réservé.

« Voici le médecin de la Compagnie, me dit Frédéric : il t'expliquera, mieux que je ne le pourrais moi-même, pourquoi nous n'avons affaire, sauf de rares exceptions, qu'à des gens bien portants et qui viennent à nous sans arrière-pensée. »

Le docteur est un homme aussi aimable que savant, qui s'exprime avec une rare finesse. Sa réponse ne se fit pas attendre.

« Ce qui vous étonne est une chose toute naturelle, me dit-il. Depuis vingt ans que, sous prétexte de faire de la médecine, j'étudie mes semblables au point de vue moral, j'ai reconnu sans peine qu'une bonne constitution et une santé bien équilibrée étaient les indices ordinaires d'un caractère généreux et d'un cœur compatissant.

» Le proverbe banal : grosses gens, bonnes gens, n'est pas aussi paradoxal qu'on le pourrait croire.

» Sans pousser ma théorie aussi loin que Descartes, qui met la cause des passions dans le cœur, dans la rate, dans le foie et dans toutes les autres parties du corps ; sans croire, comme Michelet, que tous les évènements historiques peuvent s'expliquer par la façon de digérer des princes et des ministres, je ne puis nier l'influence du physique sur le moral, et m'empêcher de reconnaître, avec Montaigne, que la moindre fièvre suffit pour *tournevirer* notre jugement : c'est la loi ordinaire. Le contraire, la réaction de l'âme sur le corps, ne se produit que chez quelques êtres privilégiés.

« Tel acte d'abnégation, facile à l'homme bien portant, serait, de la part d'un être souffrant, un trait d'héroïsme surhumain. Tout homme malade au physique et au moral, car l'un ne va jamais sans l'autre, est trop préoccupé du soin de sa propre conservation pour avoir le loisir de s'inquiéter sérieusement du sort de ceux qui l'entourent, et encore moins de l'améliorer au détriment du sien. L'égoïsme est une conséquence forcée de la souffrance.

— Si les invalides fuient l'assurance, objectai-je, vous devez avoir encore moins de chances de succès auprès des gens sains et vigoureux ; Frédéric et moi, par exemple, qui nous portons comme le Pont-Neuf et avons la prétention de durer autant que lui, qu'avons-nous à demander à l'assurance ?

— Vous vous trompez étrangement, me répondit-il, ce sont les plus valides qui en comprennent le mieux l'opportunité, parce qu'ils apportent dans l'examen de la question toute leur présence d'esprit.

— Ils n'en agissent pas moins comme des niais.

— Dites plutôt comme de véritables sages. N'ayant qu'une mauvaise carte dans leur jeu, l'éventualité d'une mort accidentelle et prématurée, ils jugent prudent de la supprimer.

— C'est qu'ils sont alors, malgré leur bonne santé, obsédés de pressentiments funèbres.

— Au contraire, la plupart d'entre eux seraient tout disposés à parier avec vous que la durée de leur existence rendra cette précaution superflue ; mais ils considèrent que, dans aucun cas, une assurance sur la vie n'aura été un sacrifice inutile, puisque leur famille en recueillera sûrement le fruit ; en outre, ceux qui sont dans les affaires et ceux qui possèdent des biens patrimoniaux reconnaissent la nécessité de laisser un capital disponible à jour fixe, soit pour faciliter la liquidation, ou permettre de différer jusqu'à un moment opportun la cession de leur établissement, soit pour équilibrer les partages entre les héritiers.

« Croyez-moi, Monsieur. l'idée de l'assurance est une excellente pierre de touche pour connaître les hommes, au moral comme au physique : elle ne prend que sur les nature d'élite ».

Depuis un moment je n'écoutais plus le docteur que d'une oreille distraite ; je délibérais en moi-même si je ne complèterais pas la journée de mon ami en lui proposant, à mon tour, une assurance sur ma tête à ton profit et à celui de nos chers enfants.

Qu'aurais-tu dis, ma Clémence, d'un pareil dénouement ?

A demain les affaires sérieuses, j'entends les commissions auprès de tes fournisseurs. Après-demain je prendrai congé de mes correspondants, et dimanche matin j'aurai le plaisir de vous embrasser tous.

René Lebrun.

TÉLÉGRAMME

De Toulouse à Paris, 9 novembre 1883, 9 heures matin

Lebrun, avoué,

Grand Hôtel, Paris.

Ne veux pas entendre parler assurance. Reviens bien vite.

N'oublie pas Bon Marché.

Clémence.

TÉLÉGRAMME

De Paris à Toulouse, 9 novembre 1883, 9 heures 45 matin.

Madame Lebrun,

Toulouse.

Avais caché vérité.

Assurance, 50,000.

Suis content. Le seras aussi si penses aux enfants.

Partirai demain.

Lebrun.

Toulouse, 9 novembre 1883.

Monsieur Lebrun, avoué,

Grand Hôtel,

Paris.

Mon cher ami,

J'ai d'abord été très irritée en recevant ta dépêche ; mais la raison et la reconnaissance l'ont bien vite emporté sur ce premier mouvement. J'avais tort de refuser ce que tu voulais faire pour nos chers enfants :

je n'en avais pas le droit. Merci pour eux, merci pour moi. Je sens encore mieux maintenant combien tu nous aimes. Je n'avais nul besoin cependant de cette *pierre de touche* pour apprécier ton noble cœur: il y avait longtemps que je le connaissais et que je savais combien tes actes et tes pensées étaient en désaccord avec ton langage habituel.

Je veux être digne de toi: achète une robe de moins, et reviens sans retard: nous comptons les heures et les minutes qui nous séparent.

Clémence

P.-S. — Puisque tu as été accepté par la Compagnie, c'est que son docteur t'a signé un brevet de longue vie : cette pensée suffirait pour me réconcilier avec l'assurance.

12

ENTRE FEMMES

ENTRE FEMMES

Trois dames sont réunies autour du foyer d'un salon confortable.

Après avoir causé des nouvelles du jour, Mme Lubert, la plus jeune d'entre elles, réclame l'attention de ses deux amies pour une communication importante.

Mme LUBERT

Mes chères amies, permettez-moi de vous demander un conseil sur une affaire des plus sérieuses.

Mme ARMAND

De quoi s'agit-il, chère enfant? de la coupe d'une robe? Celle que vous portez vous sied à ravir.

Mme DURAND

Du choix d'une parure? Je me récuse, mon Seigneur et maître m'ayant affirmé, sans me convaincre, que les diamants sont passés de mode et ne conviennent plus qu'aux ambassadrices en parade et aux femmes du demi-monde sur le retour.

Mme LUBERT

Le sujet dont j'ai à vous entretenir est bien plus sérieux.

Mme ARMAND

Contez-nous cela.

Mme LUBERT

Un de nos amis est venu, il y a trois jours, nous apprendre qu'il avait signé, le matin même, un gros contrat d'assurance sur la vie, malgré l'énergique résistance de sa femme, qui est, dit-il, imbue des préventions les plus absurdes... (le mot est de lui) à cet égard.

Mme DURAND

L'impertinent !

Mme ARMAND

En quoi cela vous intéresse-t-il ?

Mme LUBERT

Ah ! voilà : c'est que, comme tous les nouveaux convertis, il veut faire des prosélytes. Il a insisté auprès de mon mari jusqu'à lui dire que, dans sa position, il serait très coupable de ne pas suivre son exemple.

Mme ARMAND

Qu'a répondu M. Lubert.

Mme LUBERT

Rien, il a haussé les épaules avec dédain en homme vivement blessé du ton impérieux de cette sommation.

Mme DURAND

Et c'est tout ?

Mme LUBERT

Non, le lendemain, en déjeunant, il m'a dit avec une émotion visible : « J'ai beaucoup réfléchi à la toquade « de mon ami... »

Mme DURAND

Il appelle cela une toquade ?..... ah ! très bien.....

Mme LUBERT

« Edouard... (c'est le petit nom de son ami), a ses « idées sur ce genre d'opérations, moi, j'ai les miennes « que je veux taire pour ne pas influencer ta décision ; « comme il s'agit d'un prélèvement de plusieurs « milliers de francs chaque année sur notre budget, « ce qui pourrait t'imposer quelques privations « désagréables, j'envoie au diable le sermon et le « sermonneur et ne veux prendre conseil que de toi. « Je me conformerai scrupuleusement à ta volonté. »

Mme ARMAND

Quoi! chère enfant, cet excellent M. Lubert a une confiance aussi absolue dans votre jugement!... c'est très glorieux pour vous.

Mme DURAND

Il vous prend pour juge... en dernier ressort... je connais cela. Est-ce qu'il vous demande habituellement conseil sur ses placements de fonds, sur ses spéculations de Bourse, s'il a la sottise d'en faire?

Mme LUBERT

Jamais. Il ne me consulte même pas sur le choix des bijoux qu'il lui plaît de m'offrir, au jour de l'an ou à ma fête. Il prétend que mon goût doit être toujours d'accord avec le sien, et qu'il sait mieux que moi ce qui peut me convenir.

Mme DURAND

Pas modeste M. Lubert! et il s'incline devant votre compétence en matière d'assurance sur la vie!... C'est original.

Mme LUBERT

Ma compétence? je ne savais même pas le premier mot de cette question, avant qu'il m'en parlât.

Mme DURAND

Et maintenant?

Mme LUBERT

Il m'a donné des explications auxquelles je n'ai pas compris grand'chose, mais qui ont jeté un grand trouble dans mon esprit ; j'en ai perdu le sommeil pendant deux nuits.

Mme DURAND

Ah ! oui. je connais cela aussi.

Mme ARMAND

C'est donc bien effrayant ?

Mme LUBERT

Jugez vous-même. Il m'a dit d'un ton lugubre :
« Notre ami avait peut-être raison d'insister, comme
« il l'a fait, pour me décider à m'assurer. A mon âge,
« et avec la belle santé dont je parais jouir, j'avais
« l'illusion de croire que ma vie ne courait aucun
« danger prochain ; mais on ne se connaît jamais bien
« soi-même. Il doit être meilleur juge que moi du sort
« qui m'attend. »

Grand Dieu ! m'écriai-je : tu es fou, et ton ami est bien coupable de te mettre de pareilles balivernes en tête.

« Calme-toi, répliqua-t-il ; l'assurance ne fait pas
« mourir... bien que certaines femmes aient la faiblesse
« de s'imaginer... à tort ou à raison. qu'elle porte
« malheur. »

Mme DURAND

Comme c'est tentant !

Mme LUBERT

Oh !... Il a ajouté qu'il ne partageait nullement ce préjugé.

Mme DURAND

Il n'aurait plus manqué que cela !

Mme LUBERT

Puis il m'a dit, qu'au demeurant, cette mesure de précaution n'étant pas inutile, alors même qu'elle serait superflue, nous pourrions, si je le jugeais nécessaire, nous gêner un peu pour payer la prime chaque année, jusqu'à sa mort, mais qu'il craignait d'avoir à la payer longtemps ce qui rendait l'opération très onéreuse. Il m'a priée instamment de réfléchir pendant plusieurs jours et de bien peser le pour et le contre, me répétant que ma volonté ferait loi pour lui.

Mme DURAND

C'est touchant.

Mme ARMAND

Et qu'avez-vous décidé ?

Mme LUBERT

Rien encore, puisque je cherche à m'éclairer auprès de vous.

Mme ARMAND

Mon enfant, Armand ne m'a pas honoré d'une déférence aussi flatteuse pour moi. Un matin, il y a environ
sept ans, lorsque j'étais à peine relevée de mes premières
couches, il a déposé sur ma toilette un large pli
décacheté en me disant : « je n'ai pas le temps de te
commenter ce grimoire ; tu peux le parcourir, si le
cœur t'en dit, puis serre cela précieusement et tu le
remettras, ou plutôt, nous le remettrons à notre fille
dans vingt ans.

Qu'est-ce donc ? demandai-je...

« Ce sont les dragées de son baptême, me répondit-il
en souriant. Tu comprends qu'elle n'y pourra mordre
que quand toutes ses dents auront poussé. »

Je ne suis pas plus curieuse qu'une autre...

Mme DURAND

Qu'une autre curieuse ?

Mme ARMAND

Mais j'étais vivement intriguée. Armand m'ayant
quittée sans autre explication, je me hâtai d'extraire de
l'enveloppe les papiers qu'elle renfermait et d'en
prendre connaissance.

Le premier était un contrat d'assurance de cinquante
mille francs payables à notre fille dans vingt ans.

Mme LUBERT

A condition que votre mari fût mort?

Mme ARMAND

Pas le moins du monde! payables sans autre condition que le versement de ce qu'ils appellent la prime
annuelle.

Mme LUBERT

Si on n'a pas besoin de mourir pour faire profiter
les siens d'une assurance, il n'y a donc pas de raison
pour qu'elle porte malheur?

Mme DURAND

L'assurance sur la vie ne porte malheur qu'aux
familles des aveugles plus ou moins volontaires qui en
méconnaissent l'utilité, et des égoïstes qui la repoussent.

Mme ARMAND

C'est le raisonnement que je m'étais fait après cette
première lecture; mais il y avait un second papier; mes
dragées à moi.

Mme DURAND

Votre mari est donc la Providence des confiseurs?...

Mme ARMAND

Celles-là étaient plus amères que les précédentes.
La Compagnie s'engageait à payer, soit à moi-même,
soit à mes enfants, *soixante mille francs*, le lendemain
du décès d'Armand.

Mme LUBERT

Oh! vous voyez!...

Mme ARMAND

Je ne vous cacherai pas que je fus très émue de cette clause sinistre; j'eus même quelque velléité de déchirer ce joli contrat; mais je craignais de mécontenter Armand en lui enlevant le moyen de se faire restituer la somme qu'il avait versée, et je préparai tout un arsenal d'arguments pour lui démontrer qu'il devait renoncer à cet affreux marché.

Mme LUBERT

Comme mon mari avait raison de ne pas céder aux exhortations de son ami!...

Mme DURAND

Vous trouvez cela, vous, ma chère enfant?

Mme LUBERT

Eh! sans doute, madame.

Mme ARMAND

Quand Armand rentra, je le remerciai de la bonne inspiration qu'il avait eue relativement à l'avenir de de notre fille, mais j'ajoutai, avec sévérité, que je n'accepterais jamais la somme qu'il me destinait, en guise de consolation, pour le jour de sa mort.

Mme DURAND

Que répondit-il?

Mᵐᵉ ARMAND

Il partit d'un éclat de rire qui déconcerta mon indignation, et il me dit, en me prenant les mains :

« Es-tu bébête, ma chère femme, de t'imaginer que j'aie voulu t'offrir soixante malheureux mille francs comme l'équivalent du dommage *matériel* que te causera ma mort, si je dois partir avant toi, ce qui est probable, mais non certain. Soixante mille francs !... Ce serait m'estimer bien peu que de me coter à ce prix-là. Soixante mille francs !... J'en gagne presque les deux tiers chaque année ; je produis par mon travail le revenu d'un capital de sept cent mille francs ; quelle chute le jour où il ne te resterait de cela que le bénéfice de mon assurance à ton profit ! Et il y a des naïfs qui se figurent que s'assurer, c'est spéculer sur sa vie. Jolie spéculation ! Eh ! non, c'est tout simplement réserver aux siens une poire pour la soif.... et quelquefois pour la faim. Qui te dit d'ailleurs que c'est à toi qu'elle échoiera ? Quand elle sera mûre, si tu n'es plus de ce monde, nos enfants la cueilleront. Veux-tu les frustrer de la partie la plus nette, et dans tous les cas, la plus promptement réalisable de notre héritage ?

Ne sachant que répondre, je me suis soumise et ne le regrette pas.

Mᵐᵉ DURAND

Que n'ai-je été aussi bien inspirée que vous !

Mme ARMAND

Aussi n'ai-je plus fait aucune objection quand dès le lendemain de la naissance de notre deuxième fille, il a constitué pour elle une autre dot égale à la précédente, c'est-à-dire de cinquante mille francs, reversible sur l'aînée, et réciproquement.

Nous rêvions un garçon, notre rêve s'est enfin réalisé l'année dernière; nous n'aurions pu, sans une injustice criante, négliger de faire pour lui ce qui avait été fait pour ses sœurs.

Je dis nous, parce que ma pensée, à cet égard, s'était complétement identifiée avec celle d'Armand.

Mme DURAND

Conclusion et morale : quatrième contrat.

Mme ARMAND

Mieux que cela : 4ᵉ, 5ᵉ et 6ᵉ contrats à échéances échelonnées. Par crainte de la casse, nous n'avons pas voulu mettre tous les œufs de Monsieur Bébé dans un seul panier : à 21 ans, date de sa majorité, douze mille francs lui donneront les moyens, quoi qu'il advienne, de suivre les cours de la faculté de droit ou de médecine, d'entrer dans une école spéciale ou de faire son apprentissage dans le commerce ou l'industrie. A 25 ans nouvelle provision de quinze mille francs qui lui permettrait de se créer un intérieur modeste mais assez décent pour inspirer confiance à ses clients en herbe. Enfin, à 30 ans, époque probable de son mariage, trente mille francs préservatif suffisant contre l'humiliante nécessité de faire des agaceries à la dot de sa femme : en tout cinquante-sept mille francs si j'ai bonne mémoire, au lieu des cinquante mille qui sont le lot de chacune de ses sœurs, le total des primes de ses contrats étant moins élevé, à raison de l'éloignement des deux plus fortes échéances.

Après cela, au petit bonheur ! Il faudra se suffire à soi-même, en attendant, sans la désirer, bien entendu, la fin de papa ou de maman.

Mme LUBERT

Mais tout cela doit vous coûter les yeux de la tête ?

Mme ARMAND

Nous y employons moins d'un sixième de nos ressources annuelles. C'est un placement sûr d'économies que nous ne ferions peut-être pas toujours aussi régulièrement sans cette obligation de payer des primes à époques fixes. Si nous nous imposons, pour faire face à ces engagements, quelques semblants de privations, nous les supportons avec un stoïcisme héroïque ; nous sommes des martyres philosophes...

Mme DURAND

Ah ! chère madame, qui veut trop prouver ne prouve rien.

Mme ARMAND

Nous nous permettons peut-être un peu moins de luxe, mais sans atteinte sensible à notre confortable et nous sommes plus heureux que jamais; mon mari a grandi dans mon estime et dans mon affection, ce dont je me réjouis fort et lui aussi. Cette sollicitude pour mon avenir, pour celui de nos enfants, était la plus irrécusable de toutes les preuves qu'il pût me donner d'un dévouement absolument pur, d'une abnégation complète.

Si vous saviez avec quelle ponctualité, avec quelle spontanéité joyeuse il acquitte les bulletins de primes qu'on lui présente! Chaque somme versée, dit-il, est un épi qui produira sa gerbe.

Il ne va plus à son cercle qu'aux heures où l'on n'y joue pas; il ne parie plus aux courses; il ne s'aventure plus à la Bourse, et Dieu sait ce que nous gagnons à cette triple réforme. Sa métamorphose économique et morale s'est accomplie sans affectation, sans regret, sans jactance, tant la pratique du dévouement devient facile après un premier effort. Aussi, Mesdames, riez de moi, si bon vous semble, pour l'étrangeté du fait, mais je vous avoue humblement que j'adore mon mari.

Mme DURAND

Ce n'est pas un crime.

13

Mme LUBERT

Si ce moyen-là est efficace, je ne demande pas mieux
que de l'employer; j'aime déjà mon mari...

Mlle DURAND

Passablement ?

Mme LUBERT

Beaucoup même; mais enfin, cela ne va pas jusqu'à
l'adoration... et je le regrette. Je commence pourtant
à lui savoir bon gré de sa généreuse intention.

Mme DURAND

Attendez de savoir s'il la réalisera. Sur ce sujet, il y
a des maris sincères, comme M. Armand, et d'autres
qui le sont moins comme...

Mlle LUBERT (inquiète)

Vous croyez !...

Mme DURAND

Comme M. Durand, mon cher époux. Lui aussi a
fait mine un jour de vouloir s'assurer, de sacrifier,
comme il disait, au préjugé à la mode.

Mme ARMAND

Un préjugé !... La plaisanterie est forte.

Mme DURAND

Il me dépeignait l'assurance sous des couleurs qui
n'étaient rien moins qu'attrayantes. Ses incohérences
de langage, ses contradictions auraient dû me paraître

suspectes, mais j'étais sans défiance et naïvement,
niaisement, je lui fis une douce violence en l'engageant
à s'abstenir.

Mme LUBERT

Vous croyez donc qu'il n'était pas sincère ?

Mme DURAND

Lui !... Il m'a jouée indignement. j'en ai eu dix fois
la preuve.

Mme ARMAND

Qui sait ? En fait de préjugés et de superstitions, il y
a bon nombre d'hommes qui sont femmes, comme dit
Lafontaine. C'est peut-être une de ces faiblesses inavoua-
bles qui l'a empêché de donner suite à ses inspirations
de prévoyance.

Mme DURAND

Que ce soit pusillanimité ou égoïsme, qu'importe !
Je ne sais vraiment pas quel est celui de ces deux vices
que j'abhorrerais le plus. En tous cas, ce dont je suis
certaine, c'est qu'il ne m'a fait part d'un projet
chimérique d'assurance que pour se ménager le bénéfice
d'une bonne intention apparente en esquivant les
charges de la réalisation. Cela est si vrai qu'à deux ou
trois reprises il a eu l'impudence de m'attribuer, devant
des amis plus soucieux que lui de leur devoir, la
responsabilité de son abstention. Je suis amenée à faire,

entre lui et ces pères de famille moins égoïstes; des comparaisons qui ne sont pas à son avantage.

L'hiver dernier, par exemple, mon accordeur de piano est mort laissant une jeune femme et deux enfants. J'étais inquiète sur le sort de la veuve au point de chercher un moyen délicat de lui faire accepter une aumône, quand j'appris que son mari s'était assuré secrètement pour quinze mille francs, ce qui lui permit de créer un petit établissement dont elle vit, paraît-il, sans trop de gêne. Voilà donc un pauvre artiste, presque un ouvrier, qui bravement s'est imposé pendant plusieurs années des privations, à l'insu de sa femme, pour accomplir un devoir que mon cher époux a répudié de gaîté de cœur, bien que son accomplissement n'eût dû, pour ainsi dire, rien lui coûter.

Les maris de la trempe du mien ont tort de trop se fier à la tolérance que, par délicatesse ou par fierté, nous semblons accorder à certaines de leurs défaillances et de croire que nous ne les apprécions pas à leur juste valeur. Notre perspicacité peut se laisser surprendre un moment, mais la réflexion ne tarde guère à nous ouvrir les yeux, et nous n'avons pas besoin d'être douées d'une bien grande finesse pour discerner les véritables mobiles de leurs agissements.

Mme ARMAND

Si vous m'en croyez... au lieu de garder rancune à

votre mari, vous ferez sagement de lui dire que l'exemple d'Armand et celui de votre accordeur de pianos vous ont inspiré de salutaires réflexions ; que l'intérêt de vos enfants vous commande d'accepter le *généreux* sacrifice qu'il voulait faire, sacrifice auquel vous êtes résolue à participer par des économies sur votre toilette.

Mme DURAND

Vous avez raison. Il cédera sans enthousiasme et si je n'ai pas la joie de lui savoir gré de sa soumission, car j'ai vu trop clair dans son jeu. j'aurai du moins fait acte de bonne mère.

Mme LUBERT A Mme ARMAND

Pardon. madame, mais si votre mari mourait avant les échéances indiquées, la continuation du paiement des redevances à la Compagnie ne deviendrait-elle pas un fardeau bien lourd ?

Mme ARMAND

Les contrats de mes enfants seraient désormais affranchis de toute charge, et moi. je toucherais immédiatement les 60.000 francs stipulés dans le mien. ce qui me permettrait de leur venir en aide. au besoin.

Mme LUBERT

Excusez mon insistence bien indiscrète. mais je cherche à m'éclairer.

Mme ARMAND

Parlez sans crainte : je me flatte d'avoir une réponse satisfaisante pour chacune de vos questions, et de ne vous laisser aucun doute sur l'absolue nécessité. de l'assurance.

Mme LUBERT

Si vous aviez le malheur de perdre un de vos enfants ?

Mme ARMAND

Les sommes versées à son intention profiteraient aux autres.

Mme LUBERT

Rien ne se perd donc dans ces caisses-là ?

Mme ARMAND

Rien absolument ; ce sont des Caisses d'Épargne perfectionnées qui rendent presque toujours à la famille du déposant bèaucoup plus qu'elles n'ont reçu de lui.

Mme LUBERT

Enfin, que me conseillez-vous de faire ?

Mme ARMAND

Dites à votre mari que nous avons approuvé son projet à l'unanimité ; que nous. le félicitons de comprendre si noblement ses devoirs envers vous et vos enfants présents et futurs ; que vous vous résignez donc au sacrifice moral qu'il sollicite de vous en lui permettant de s'assurer ; ajoutez qu'Armand et moi nous aurons grand plaisir à lui enseigner la théorie et la pratique de l'assurance sur la vie.

Mme LUBERT

Mais madame, si mon mari se montrait aussi peu désireux que M. Durand de s'imposer une telle charge, cette révélation serait bien pénible pour moi, et je ne voudrais pas le contredire.

Mme DURAND

Il vous a constitué juge souverain ; s'il n'est pas sincère il est coupable : prononcez donc sa condamnation, ce ne sera que justice ; sérieusement s'assurer est un devoir pour lui, l'y engager est un devoir pour vous.

Mme LUBERT

Je ferai mon devoir, et j'espère qu'il n'hésitera pas à faire le sien : je serais si heureuse d'avoir une preuve irrécusable de la sincérité de son affection, et de la générosité de ses sentiments envers nous !

LA PROVIDENCE

DES ARTISTES

LA PROVIDENCE

DES

ARTISTES

Il existe des Sociétés fondées dans le double but de solidariser la défense des intérêts professionnels de la grande famille des Artistes et des Écrivains et de venir en aide aux Sociétaires que la maladie, le chômage accidentel, les infirmités ou la vieillesse frappent d'une incapacité de travail temporaire ou définitive.

Mais, hélas! aucune d'elle n'est assez riche pour remédier, avec toute l'efficacité désirable, aux calamités qui réclament une assistance confraternelle.

Le domaine de l'art est un champ de bataille où s'épuisent, avec une affligeante rapidité, les forces et la vie des plus robustes et des plus vaillants lutteurs.

Les subsides aux *blessés* durent à peine jusqu'à la fin de leur convalescence, et, cependant, les rechutes sont fréquentes.

Quant aux *invalides*, les mieux partagés sont gratifiés d'une maigre pension alimentaire qui leur donne les moyens. non pas strictement de vivre, mais de prolonger leur agonie.

Le nombre de ces pensions, qu'on pourrait tout au plus appeler des *demi-pensions*, est limité à l'importance des revenus disponibles.

Les aspirants surnuméraires en sont réduits à se nourrir d'espérances en attendant que leur tour d'inscription les appelle à recueillir, — si les privations leur en laissent le temps, — l'héritage d'un titulaire défunt.

Telle est la triste perspective qui s'offre aux Artistes en tout genre et aux Écrivains assez insoucieux de leur bien-être futur pour se reposer uniquement sur la prévoyance coopérative du soin de mettre leur vieillesse à l'abri du besoin.

§ II

Les combinaisons si diverses de l'assurance sur la vie, qui s'appliquent à toutes les professions, semblent avoir été imaginées plus particulièrement dans l'intérêt des Artistes, car elles s'adaptent avec une précision merveilleuse aux fluctuations si fréquentes de leur

destinée et aux capricieux élans de leur nature
fantaisiste.

Certes, le négociant, le banquier, le notaire, l'avoué,
l'avocat commettent une grave imprudence lorsqu'ils
se privent de son secours, par insouciance, ou pour la
puérile satisfaction de disputer à une Compagnie
d'assurances la chance d'un bénéfice minime et très
incertain en échange de la certitude des résultats qu'elle
leur garantirait dès le premier versement. Il y a duperie
de leur part à s'infliger la préoccupation de faire
fructifier eux-mêmes les économies dont l'accumulation
projetée doit constituer ou augmenter l'héritage de
leur famille.

Ils oublient, en outre, qu'un décès prématuré peut
interrompre brusquement leur œuvre inachevée, ou
même à peine ébauchée, et qu'alors cet héritage rêvé,
comme conséquence d'une longue série de placements,
se trouvera réduit à une somme relativement insignifiante.

Mais, en admettant que ces économistes imprudents
atteignent ou dépassent le terme moyen de la vie
humaine et que, grâce à la régularité et l'habileté
constamment heureuse de leur gestion, ils obtiennent
des avantages égaux ou même supérieurs aux résultats
garantis par une Compagnie d'assurance, leur tentative
téméraire serait beaucoup plus dangereuse pour toute

personne étrangère au maniement des fonds, comme le sont, en général, les Artistes.

En effet, s'il était une tâche plus difficile pour ces derniers que la préoccupation de réaliser régulièrement des économies, ce serait celle de les conserver, et surtout de les faire valoir sans les exposer à aucune chance de dépréciation, ou même de perte totale.

Les préoccupations matérielles et le sens des affaires ne peuvent guère se rencontrer chez les Artistes vraiment dignes de ce titre. Les nobles inspirations de l'art, la passion, la poésie s'allieraient mal avec les prosaïques détails quotidiens de l'économie bourgeoise.

Aussi, ceux d'entre eux qui sont mariés et pères de famille ont-ils généralement la sagesse de confier à la sollicitude de leur femme le soin d'équilibrer le budget domestique; mais la majeure partie des célibataires, tout en répudiant cette corvée comme antipathique à leurs instincts, ont le tort de ne la confier à personne.

§ III

Ce dédain de l'Artiste pour les ressources que lui offre l'assurance provient moins, dans bien des cas, d'une aveugle insouciance que d'une hésitation réfléchie à contracter des engagements sérieux, dont la longue durée l'effraye parce que l'instabilité de sa position lui laisse rarement la certitude de pouvoir y faire face jusqu'à la fin, avec la régularité nécessaire.

Il peut s'affranchir presque sûrement de ce motif d'anxiété en concentrant dans un certain nombre d'annuités fixées d'avance les versements à effectuer, sauf le cas de décès prématuré, qui libère immédiatement le contrat de toute charge ultérieure.

On comprend que la quotité relative de ces versements devra être d'autant plus forte que le terme en sera plus rapproché ; mais, prélevés sur le maximum des revenus d'un Artiste en pleine possession de la faveur publique, ils ne lui causeront ni gêne réelle ni privations. Il importe d'ailleurs d'observer que les engagements contractés envers une Compagnie ne sont pas obligatoires et que l'assuré peut les interrompre à son gré en subissant une réduction proportionnelle des avantages qui lui ont été conditionnellement garantis.

§ IV

AUX FEMMES ARTISTES

Vous êtes jeune et charmante : vingt bouches émues, sans compter les mille voix de la Renommée, dont le murmure échappe à vos oreilles, vous le disent chaque jour, et les glaces de votre boudoir, qui ne sont pas menteuses, vous le répètent à satiété lorsqu'un coup d'œil fortuit vous y fait rencontrer votre image.

Le présent vous sourit, un long avenir d'opulence et de félicité s'ouvre devant vous.

Il n'est pas besoin d'être un disciple de mademoiselle Lenormand, qui d'ailleurs n'a pas fait d'élèves, pour vous prédire en toute certitude que, durant une longue suite d'années, votre étoile resplendira de plus en plus radieuse. La beauté et le talent n'ont pas d'âge, ou plutôt ils s'épurent et se perfectionnent avec le temps, souvent même bien au delà de la quarantaine.

Vous pouvez donc vous livrer, dans la mesure de vos ressources présentes qu'il serait imprudent de dépasser, mais sans grand souci d'un lendemain que suivront des milliers d'autres lendemains non moins prospères, à vos appétits intelligents de confortable et d'élégance.

N'en déplaise aux moralistes chagrins qui n'apprécient dans la femme que la ménagère de l'homme, il serait monotone et presque mal séant de ne pas sacrifier un peu, beaucoup même, l'utile à l'agréable.

Conservez donc ce cachet de distinction, qui est le complément obligé du talent et de la beauté ; continuez de marier au satin velouté de votre visage le scintillement de la soie, et les feux des diamants aux éclairs de vos yeux.

Pour l'artiste douée d'une imagination poétique, la superfluité élégante fait partie du strict nécessaire.

La prodigalité qui dépense sans compter, et qui donne ce qu'elle ne dépense pas. exerce une action providentielle. L'argent jeté par les fenêtres n'est pas perdu pour tout le monde. c'est une manne bienfaisante qui alimente les industries de luxe et le commerce des beaux-arts.

Cependant, un jour viendra *peut-être*, dans un avenir si lointain que vous êtes bien excusable de ne pas l'entrevoir, où, parvenue à l'apogée de vos triomphes, et troublée par la crainte de déchoir, vous éprouverez le désir d'opérer prématurément une glorieuse retraite pour concentrer votre vie dans les affections de la famille et le calme du foyer.

Il ne faut pas, le cas échéant, que la voix du besoin domine celle de la raison et que l'une vous crie : « marche ! » quand l'autre vous conseillera de vous arrêter.

En vue de cette éventualité, ne serait-il pas sage de se préparer une aisance plus ou moins modeste, mais infaillible, par l'acquisition d'une rente viagère à bref délai ou à effet différé ?

Nous avons eu plus d'une fois, dans ces derniers

temps, le douloureux spectacle de la déchéance sociale d'artistes, même des plus célèbres, réduites, après bien des années d'opulence gaspillée, à traîner dans l'isolement une vieillesse attristée par la gêne et les privations ?

Pour celles qui ont le malheur de survivre au prestige de leur talent et de leur beauté, sans avoir songé à se prémunir contre les intempéries de l'avenir, cette déchéance est presque toujours irrémédiable.

Le luxe et l'opulence, dont elles s'étaient fait une douce et charmante habitude, dégénèrent subitement en une médiocrité beaucoup moins dorée que celle qu'enviait Horace, pour aboutir, par une rapide transition, à la gêne avant-coureuse de l'indigence.

Les domestiques ont demandé leur compte insolemment, il a fallu les solder sans délai ; les chevaux ont déserté le ratelier vide, entraînant les voitures à leur suite. Les écrins ont disparu l'un après l'autre ; les cachemires, les dentelles et les mille chinoiseries payées naguère vingt fois leur valeur, sont enfouis dans les catacombes de ce grand collecteur qu'on appelle le *Mont-de-Piété*, d'où ils seront exhumés par une de ces pieuvres aux tentacules crochues qui achètent à vil prix les reconnaissances vainement renouvelées. Il faut quitter l'appartement somptueux pour gravir douloureusement les marches sans fin d'un cinquième étage mansardé, à un âge où les jambes sont hésitantes ; à moins qu'on ne préfère aller ensevelir, à l'abri de la malignité publique, les restes d'une vie isolée et humiliée dans un coin écarté de la banlieue, dont les derniers amis auront bien vite oublié le chemin.

« Cependant, rien ne vous serait plus facile que d'effacer d'un horizon étincelant d'azur ce point noir dont l'importune apparition, durant les heures de spleen et d'insomnie fiévreuse, trouble l'esprit même le plus insouciant.

Prêcher à une artiste resplendissante de grâce et de jeunesse, enivrée de ses succès toujours croissants, de ses légitimes espérances d'un brillant avenir, l'économie bourgeoise, la régularité mesquine dans les dépenses, ce serait aussi choquant que de vouloir couper les ailes à une fauvette.

Loin de nous la pensée d'une pareille profanation !

Nous ne demandons à votre prudence, Mesdames, pour vous assurer une vieillesse indépendante, à l'abri des caprices du sort et des humiliations de la générosité publique, que le sacrifice annuel d'un ou deux de vos bijoux les plus démodés.

Une chronique de l'antiquité raconte que Polycrate, roi de Samos, fatigué de la constante monotonie de son bonheur, eut un jour la bizarre fantaisie de se créer un sujet de regret en jetant dans la mer le plus précieux de ses joyaux.

Il le retrouva le lendemain dans le ventre d'un poisson fraîchement pêché pour sa table.

Faites, comme lui, la part du destin, en confiant chaque année, non à la mer, qui lâche rarement sa proie, mais à une bonne Compagnie d'assurances, la valeur de quelques perles ou de quelques diamants. Vous serez certaine de les retrouver en bloc sous la forme d'un capital considérablement accru, ou d'une rente viagère prenant cours à l'époque précise qu'il vous aura plu de fixer.

Ce facile sacrifice, si peu coûteux à votre opulence présente, suffira pour conjurer toute chance de pauvreté future et résoudre infailliblement en votre faveur le redoutable problème de l'avenir.

§ V

Nous ne saurions, au résumé, engager avec trop d'insistance ceux et surtout celles des Artistes qui dépensent avec insouciance la majeure partie, souvent même la totalité de leurs ressources, à ne pas se laisser éblouir par la prospérité présente, comme si elle devait durer toujours.

Admettons que cette bonne chance leur échoie par une heureuse et rare exception : quelques sacrifices relativement fort légers, accomplis dans un but de prévoyance, leur procureront plus tard un surcroît de bien-être. Si, au contraire, l'avenir leur réserve un cruel revirement de fortune, le contrat de rente viagère ou de capital différé sera pour les victimes un parachute d'une efficacité certaine.

Assurer le confortable à sa vieillesse ou à celle des personnes qu'on a le devoir ou le désir de protéger, c'est acquérir le privilège, si précieux pour les fervents adeptes du gaspillage, de pouvoir dépenser impunément, et sans crainte de remords, la totalité des ressources présentes.

L'assurance sur la vie est donc bien, comme nous l'avons qualifiée en tête de cet opuscule :

La Providence des Artistes

LE SECRET

DU

CONSERVATEUR

LE SECRET

DU

CONSERVATEUR

La poule couve ses œufs pendant vingt et un jours. La *Tontine* met vingt ans à couver les siens.

Il est vrai que ces derniers sont des œufs d'or ; c'est pour cela, sans doute, qu'ils paraissent si durs à digérer aux consommateurs qui les reçoivent généralement trois ou quatre fois moins gros qu'on ne les leur avait promis.

Les œufs d'autruche sont devenus des œufs de cane.

A l'origine, — il y a de cela plus d'un demi-siècle, — grâce au voile impénétrable qui couvrait alors, comme il couvre encore, pour chaque série en cours, les mystères de cette lente incubation, un champ illimité restait ouvert aux espérances les plus chimériques, aux illusions les plus folles.

Ce fut le beau temps, le seul beau temps des *Tontines*, l'âge d'or... en perspective.

On eût dit que la France s'était annexé le fabuleux pays de Cocagne.

Aussi, que de rêves ambitieux bouleversaient les cervelles dans les campagnes envahies par ce phylloxera. sinistre précurseur de celui de la vigne et presque aussi funeste que lui.

Toute maison, jusqu'à la plus humble chaumière, atteinte du fléau, devenait un foyer de discussions entre époux sur l'emploi de la dot, aussi sûrement acquise à l'enfant, dans leurs prévisions, que si le notaire y eût passé. Ceux qui devaient verser cent francs par an sur une tête, pendant vingt ans, tarifiaient leurs prétentions à quinze mille francs : c'étaient les plus modestes ; d'autres ne démordaient pas de vingt mille au minimum, sur la foi des billevesées dont on les avait bercés.

Au bout de la vingtième ou, plutôt, de la vingt et unième année, car l'administration tontinière accorde aux ayants-droit un délai de six mois pour justifier de leur existence et de leurs titres, et s'en accorde ensuite un autre, à peu près de même durée, pour le classement de ces titres et le travail de la répartition, le voile magique se déchira, la réalité, la triste réalité apparut aux regards consternés des survivants, leur démontrant péremptoirement que leurs châteaux en Espagne avaient été bâtis sur le sable et qu'il n'en restait plus que des moellons.

Ce fut alors, dans toute la France, et surtout parmi les populations rurales, un concert de lamentations, de grincements de dents et de malédictions.

L'affligeante modicité des résultats obtenus en échange des dangers de perte totale ou partielle qu'on n'évitait, par la contre-assurance, qu'au prix d'un surcroît de sacrifices, n'était pas un fait exceptionnel. La suite le fit bien voir.

Les liquidations qui, dès lors, se succédèrent d'année en année, ne furent ni plus ni moins lamentables que les premières, sauf celles qui se produisirent dans des conditions particulièrement désastreuses, à travers les bouleversements politiques de 1848. A cette époque, une baisse effroyable sur les fonds publics vint aggraver la spoliation de ceux des survivants qui se trouvèrent, en raison du chômage général, dans la nécessité de vendre à tout prix les infimes coupons de rente qu'on leur donnait en paiement, au lieu d'espèces sonnantes, conformément aux statuts des Sociétés tontinières.

De là une dépréciation d'un tiers au moins, non des maigres bénéfices de placement qu'ils avaient rêvés, mais de ceux beaucoup plus modestes qui auraient dû réellement leur échoir.

Pour comble d'infortune, la Mort, elle aussi, cette

Providence des Tontinés, les avait indignement trichés, car l'inventaire de la cagnote ne révélait qu'un stock de cadavres dérisoire en comparaison des hécatombes prédites par une statistique beaucoup trop optimiste.

La leçon était assez rude pour décourager même les plus acharnés partisans des mystifications tontinières. Ce fut un sauve-qui-peut général parmi les souscripteurs de fraîche date qui trouvèrent plus économique d'arrêter les frais en renonçant à leurs mises que de continuer une partie aussi ingrate.

La Tontine avait du plomb dans l'aile, et l'on put croire alors qu'elle ne survivrait que tout juste le temps nécessaire pour mener à terme le moins piteusement possible la gestion de ses contrats en cours.

Telle fut, en effet, désormais la préoccupation des Sociétés tontinières les plus sérieuses et les mieux intentionnées qui, sur la foi de calculs décevants, non contrôlés par l'expérience, avaient partagé, dans une assez large mesure, l'aveugle crédulité du public.

Il répugnait à leur loyauté de prolonger à ses dépens une épreuve qu'elles savaient maintenant ne pouvoir être lucrative que pour elles, alors même que le baromètre politique remonterait définitivement au beau fixe ; car, tout en déplorant comme une mauvaise chance de plus dans le jeu des Tontines l'imminence continuelle de crises financières et autres kracks, elles s'effrayaient davantage encore des vices inhérents au système tontinier lui-même, et reconnus incurables.

Aussi, s'appliquèrent-elles à opérer une retraite honorable, jurant qu'on ne les y prendrait plus.

Aucune d'elles, en effet, n'a jamais eu la pensée d'y revenir. Il ne resta donc plus à l'horizon qu'une demi-douzaine de nébuleuses qui s'éteignirent graduellement à l'exception d'une seule :

Le Conservateur

Ce dernier paladin de la Tontine a pu s'écrier avec orgueil : « Moi seul et c'est assez. »

Oh ! oui.

Combien de familles ont reconnu depuis lors, combien d'autres apprendront plus tard, à leurs dépens, que c'était trop, beaucoup trop !

Quels sont donc les éléments nouveaux des plantureux bénéfices que cet obstiné CONSERVATEUR... du système tontinier fait miroiter aux yeux d'un public halluciné, à travers les verres grossissants de sa lanterne magique ?

Aucun autre que ceux qui ont si cruellement failli aux espérances des innombrables victimes de ses aînées et des siennes propres :

1° Le cumul des intérêts de tous les versements effectués durant le cours de l'opération, sous déduction des 5 %. payés d'avance pour les frais de gestion sur le montant total de chaque souscription ;

2° L'attribution aux survivants d'une partie de la dépouille des déserteurs volontaires ou forcés, et la totalité de celle des sociétaires morts à la peine : car si les loups ne se mangent pas entre eux, les Tontinés, moins dégoûtés, s'entre-dévorent avec délices. C'est même l'attrait particulier de cette pâture humaine qui pousse tant de braves mères fascinées à s'imposer des privations pour associer leurs enfants aux chances de cette loterie soi-disant philanthropique.

La soif du gain leur fait oublier qu'elles jouent à pile ou face la vie de ces êtres chéris puisque, d'après les promesses des batteurs d'estrades tontiniers, la Mort est censée s'adjuger un enrôlé sur deux. Mais cette aimable auxiliaire n'a pas toute la complaisance meurtrière qu'on lui suppose, et sa faulx ne s'abat guère que sur les plus jeunes têtes auxquelles le temps a manqué pour engraisser la tirelire sociale. Sa collaboration ne concourt donc que médiocrement au succès de l'œuvre.

C'est fâcheux pour ceux qui avaient fondé sur elle de joviales espérances, mais qu'y faire ?

On ne peut pourtant pas exiger du *Conservateur* qu'il attente à la vie des uns pour assouvir l'avidité famélique des autres : sa délicatesse bien connue et ses Statuts s'y opposent.

Pratiquer en douceur une large saignée, en guise de bienvenue, à la bourse de tout nouveau souscripteur, passe encore. c'est un simple jeu de Société... tontinière, mais leur mettre le couteau sur la gorge, oh ! non ; jamais !

Quant aux placements sur l'Etat, les seuls que la loi permette au *Conservateur*, leur produit déjà bien mince en des temps prospères, a baissé progressivement de plus d'un tiers depuis une dizaine d'années, et court grand risque d'être encore amoindri par de nouvelles conversions de la rente contre lesquelles cette malheureuse Société est absolument privée des moyens dont jouissent les véritables Compagnies d'assurances sur la vie, ses titres aussitôt acquis devant être immobilisés de peur qu'ils ne *s'envolent* jusqu'au terme de la liquidation des séries auxquelles ils appartiennent.

En somme, le nombre des survivants admis au partage s'augmentant constamment par l'abaissement continu de la mortalité. en même temps que les fonds de répartition subissent une diminution non moins constante par l'abaissement des taux de la rente. que reste-t-il des superbes promesses du *Conservateur* ?

Cette Société possède-t-elle donc un secret qui lui permette de convertir ses probabilités, sans cesse démenties par les faits. en réalité tangibles ?

A-t-elle trouvé le moyen de monnayer, par un

procédé chimique, ses promesses hyperboliques à l'instar de l'habile homme qui fabrique des rubis incontestables avec du charbon, ou de celui qui se flatte d'extraire du sucre de ce minéral indigeste? Qu'elle le dise donc, et nous nous réjouirons sincèrement de cette précieuse découverte dans l'intérêt de ses clients dont le sort nous inquiète.

Mais, s'il n'en est pas ainsi, quel est donc le mobile qui la pousse à continuer d'entretenir dans l'esprit d'un public trop crédule des illusions dont une si longue expérience lui a démontré l'inanité?

Ignore-t-elle, comme la bonne renommée d'une notable partie des membres de ses Conseils d'Administration et de Surveillance nous porterait à le croire, malgré les apparences, que sa vogue malsaine repose en majeure partie sur le charlatanisme effronté de certains agents nomades qui, au nom des sentiments les plus faciles à émouvoir, subtilisent la confiance d'un public ingénu : En lui présentant le *Conservateur* comme une Société spécialement patronnée par le gouvernement ;

En exhibant, à l'appui de cette bourde, un exemplaire du *Journal Officiel* farci de comptes-rendus plus enjolivés qu'intelligibles, dont le caissier sait ce que vaut l'aune ;

En se faisant accompagner, dans leurs razzias, d'un

agent infime de l'autorité locale, un garde-champêtre, un tambour communal, un gendarme naïf, s'il s'en trouve, compères inconscients ou intéressés, dont l'assistance est prônée comme un témoignage vivant de l'appui gouvernemental ;

En annonçant comme positif l'accomplissement futur de promesses dolosives dont la demi réalisation même est matériellement impossible ;

En dissimulant aux pauvres gens éblouis la différence qui existe entre les frais d'administration qu'ils paient immédiatement en argent ou en un billet à ordre exposé aux poursuites judiciaires, et le montant de la première annuité dont la réclamation leur tombera quelques mois plus tard, à l'improviste, comme une tuile sur la tête, tuile meurtrière pour bon nombre d'entre eux.

Etc., etc., etc.

Administrateurs et surveillants, nous ne vous faisons pas l'injure de vous accuser de complicité dans ces honteuses manœuvres et nous préférons croire que vous les déplorez comme de fâcheuses exceptions chaque fois que le retentissement en parvient à vos oreilles.

Les plus courtes erreurs sont les meilleures : celle du *Conservateur* a duré assez longtemps. Tout concourt à lui conseiller de changer son fusil d'épaule en s'adonnant à la véritable assurance sur la vie comme la pratiquent les Compagnies sérieuses qui ne promettent que ce qu'elles sont certaines de pouvoir tenir, et qui donnent presque toujours plus qu'elles n'ont promis ; sinon, il lui reste un moyen non moins efficace de prouver qu'elle est plus soucieuse qu'on ne le suppose des intérêts du public :

C'est de fermer boutique.

Honni soit qui s'en plaindrait.

QUESTION BRULANTE

QUESTION BRULANTE

« Ne jouons pas avec le feu ».

Ceux qui vous disent que toutes les Compagnies et Société d'assurances contre l'incendie présentent les mêmes garanties de sécurité vous mentent effrontément. Les nombreuses liquidations, les faillites non moins nombreuses qui affligent et déconsidèrent si fréquemment le demi-monde des assurances, en France et en Belgique, sont la preuve irrécusable du contraire.

Il y en a, dieu merci, d'excellentes, les anciennes surtout, dont l'honorabilité et la solvabilité sont à toute épreuve.

D'autres, d'âge plus récent, sans avoir atteint le haut degré de prospérité que l'avenir leur promet, justifient amplement la confiance du public par la loyauté et la régularité constante de leurs agissements.

D'autres, enfin, même parmi celles qui sont pourvues

d'un capital très suffisant pour parer aux plus mauvaises chances, voient leur crédit s'amoindrir sous le souffle d'une direction mal inspirée et mal secondée.

Combien pourrions-nous en citer aussi, dont l'honorabilité et la solvabilité sont plus ou moins sujettes à caution !

Il importe à la tranquillité des familles que le mot *assurance* soit absolument synonyme du mot *sécurité*.

S'il n'en est pas toujours ainsi cela tient à un dédain vraiment inconcevable des cruelles leçons de l'expérience, leçons dont le prix a dépassé, en dix ans, tant pour les actionnaires dépouillés que pour les victimes de sinistres impayés ou incomplètement réglés. *cent vingt millions* engloutis dans des entreprises avortées.

En présence de ces ruines encore fumantes, alors qu'on voit surgir presque chaque mois, tant en France qu'en Belgique. quelque embryon de nouvelle Compagnie ou Société d'assurances contre l'incendie, on se demande avec stupeur si la race des capitalistes assez fous pour verser leurs dernières économies dans ces tonneaux des Danaïdes d'où l'or s'échappe par toutes les fissures n'est pas encore entièrement éteinte.

Des capitalistes? Des capitaux? Oh! que non pas!... Ils sont trop verts.

A quoi bon, d'ailleurs!... Des esprits forts, très forts, ont inventé l'art de s'en passer.

De la chimie à l'alchimie il n'y a que la distance d'une syllabe. On fait du vin sans raisin, pourquoi ne fabriquerait-on pas aussi bien un fonds social sans capitaux?

L'épreuve est d'autant plus tentante que le laboratoire municipal n'a rien à y voir, ou n'y verrait que du feu... en perspective.

Quelques spécialistes bien intentionnés ont pu, de bonne foi, faire entrer en ligne de compte leur intelligente activité et leur compétence réelle comme des points d'appui suffisants.

Puisse un doux zéphyr enfler leur voile et conduire à bon port leurs barques à travers les écueils!

Au-dessous de ces Guzmans de l'assurance, s'agite fébrilement un essaim d'aventuriers à conscience élastique, spécialistes de pacotille, mus par l'ambition de s'asseoir en maîtres, ne fût-ce que l'espace d'un matin, dans un fauteuil directorial, et de s'entendre appeler « Monsieur le Directeur général! » ah! gros comme le bras.

Nous en avons connu un, bon homme au demeurant, qui s'était pompeusement étiqueté « Monsieur le Gouverneur général ». Ce titre ronflant n'a pas été une ancre de salut pour sa société tricéphale.

Grâce à une tolérance légale, dont il serait sage de rétrécir les limites, voici le truc adopté pour la confec-

tion des sociétés anonymes à primes fixes nouvelle
manière : il est à la portée des grands faiseurs et des
petites bourses.

On commence par exhumer quelques momies plus
ou moins rapées. mais blasonnées autant que possible.
quelques Ramollots fourbus, quelques sous-préfets
décavés, quelques ingénieurs soi-disant civils, non
diplômés ; on séduit leur vanité par l'offre d'un siège
dans le Conseil d'administration, leur pénurie par
l'appât de jetons de présence et d'une part dans le tas
des actions gratuites réservées aux fondateurs à titre
d'apport.

De ces actions entièrement libérées, les deux tiers
ou les trois quarts transmises sous le manteau de la
cheminée avec un rabais de 80 o/o du prix nominal à
des parents ingénus ou à des amis hallucinés. permet-
tront au futur administrateur de verser le premier quart
sur la quotité d'actions de capital exigée par la loi
comme garantie de sa gestion.

Quand les cadres de ce brillant état-major sont rem-
plis, on procède à la distribution des rôles et on arrête
la rédaction définitive des statuts qui fixent modestement la valeur des apports aux quatre-cinquièmes.
quelquefois même aux neuf-dixièmes du capital officiel.

Ces apports sont basés sur l'invention du titre de la
Compagnie, sur les travaux d'Hercule accomplis pour

l'enfantement de l'œuvre, et sur le droit à une
promesse de bail, consentie à prix surfait, pour la
location des bureaux.

Certains fondateurs poussent même la munificence
jusqu'à y comprendre, comme don de joyeux avènement, un semblant de mobilier provisoire, des casiers
vides et des cartons à demi-pleins.

Il ne s'agit plus désormais, pour être admis au
baptême légal, que d'étaler sous les yeux d'un notaire
qui constate cette éblouissante exhibition, cinquante
véritables mille francs — minimum des garanties
exigées par la loi — qu'on sera libre d'emporter en
sortant de chez lui. — Regardez, cher tabellion, mais
ne touchez pas.

Dans ces conditions, on peut se donner les gants
d'un capital de deux millions.

En effet, ces 50,000 francs en numéraire représentent exactement le quart requis sur les 200,000 francs,
soit le dixième des deux millions susdits, les neuf
autres dixièmes (1,800,000 fr.) étant figurés par les
apports dont l'évaluation, en vertu d'un vote approbatif
de l'assemblée constitutive, sera désormais indiscutable.

Ces deux millions fantastiques, étiquette aussi
pompeuse que trompeuse, ont la chance d'apparaître
comme un gage palpable de sécurité aux pauvres
myopes qui ne savent pas ce qu'en vaut l'aune.

Faisons large mesure aux jongleurs et attribuons leur un versement réel de cent, ou même de deux cent mille francs :

Quand on aura déduit de ce maigre lopin les frais d'acte, d'enregistrement, d'avances sur loyers, d'impôts sur le mobilier, la patente annuelle de cent francs par départements où l'on opère, soit huit mille six cents francs pour toute la France, contribution plus que doublée par les centimes additionnels, l'acquisition du matériel des bureaux, les frais d'impression, de timbre des polices, de correspondance, le salaire des petits employés et des gros mangeurs, le budget princier d'inspecteurs lancés dans toutes les directions à la découverte d'agents expérimentés, et ne parvenant à recruter le plus souvent que le rebut des Compagnies anciennes et les fruits secs des Sociétés en détresse, que restera-t-il au fond du sac? Les primes des assurances réalisées au hasard de la fourchette... car une Compagnie qui débute dans ces conditions ne peut avoir la folle prétention de cueillir le dessus du panier.

Mais, les primes de la première année, et souvent celles de la deuxième, sont absorbées par les commissions et les frais généraux.

Viennent quelques sinistres relativement importants, et il s'en présentera, gardez-vous d'en douter! on n'échappera pas à la nécessité de faire un timide appel aux imprévoyants souscripteurs qui se boucheront les oreilles pendant que le malheureux sinistré attendra, le bec dans l'eau, qu'il leur plaise de s'exécuter tant bien que mal et plutôt mal que bien.

Notez que ces Compagnies risque-tout, dont nous venons de vous donner un spécimen pris sur le vif, ne sont pas les pires.

Nous pourrions en citer d'autres qui n'ont pas mis autant de façons à se produire sous la forme de sociétés commerciales, en commandite, en participation, en tout ce que vous voudrez, sauf en Compagnies sérieuses.

Sept équilibristes, qui ne rappellent que par le nombre les sept sages de la Grèce, se réunissent chez un notaire de banlieue d'humeur accommodante, déposent chacun dix ou quinze francs comme première mise de fonds, signent un acte d'association, et crac ! la société est constituée. Honni soit qui mal y pense.

La caisse sera virtuellement ouverte, pour recevoir la monnaie de ceux qui voudront bien l'honorer de leur confiance, aussitôt que nos artistes pourront justifier d'un certain nombre d'adhérents, souscripteurs complaisants d'assurances éphémères sur mobiliers hyperboliques, additionnées de risques locatifs et de voisinage phénoménaux, comme garanties suffisantes de la solvabilité sociale.

Supposons que cette garantie factice s'élève à la somme fascinatrice de vingt millions de valeurs assurées. Ces vingt millions de risques, qui ne sont pas tous incombustibles, produiront à peine, au taux moyen de 60 centimes pour mille francs, une recette annuelle de DOUZE MILLE francs, soit moins du douzième des frais généraux réduits à leur plus simple expression.

Les sinistres sont comptés pour rien. Où l'argent manque l'assuré perd ses droits.

Propriétaires d'immeubles, usiniers, commerçants, cultivateurs ou simples locataires, au moment de réaliser, de renouveler ou de modifier une police d'assurance contre l'incendie, rappelez-vous le proverbe : « Méfiance est mère de sûreté ».

Méfiez-vous des Compagnies dont le nom même est inconnu ou à peine connu de vous.

Si vous êtes sommés de céder à des sollicitations amicales, renseignez-vous préalablement sur la valeur réelle et sur l'honorabilité de la Compagnie qu'on vous propose ; tenez-vous en garde non-seulement contre les Compagnies ou Sociétés mal famées, mais contre celle dont la demi-notoriété n'est qu'une demi-garantie de solvabilité et de loyauté, car ces deux conditions de sécurité sont inséparables.

Où cloche la solvabilité, la loyauté dans l'exécution des engagements est forcément boiteuse ;

Où la loyauté n'existe pas, la solvabilité ne tarde guère à n'être plus qu'un vain mot.

Que vous vous heurtiez à une caisse vide, même honnêtement vidée, ou à un coffre-fort bien garni, dont les aigre-fins tiennent les clés, le résultat sera le même, à peu de chose près, s'il vous survient un sinistre.

Dans le premier cas vous vous épuiserez en frais de justice qui n'aboutiront qu'à aggraver votre perte ; dans le second vous parviendrez peut-être, après avoir parcouru tous les degrés de juridiction, à obtenir finalement gain de cause, mais l'indemnité que vous recevrez sera considérablement réduite par les dépenses de temps et d'argent non remboursables que vous aurez subies durant cette lutte néfaste. — Inutile d'insister sur les soucis qu'elle vous aura causés ;

Méfiez-vous des agents nomades qui viennent on ne sait d'où, se jeter à votre tête en vous offrant des rabais de prime qu'ils ne pourraient obtenir que de Compagnies follement aventureuses dont la témérité est d'autant plus suspecte que l'augmentation inquiétante du nombre et de l'importance des sinistres a contraint depuis quelques années la plupart des Compagnies sérieuses d'élever leurs tarifs sur certaines catégories de risques ;

Constatons qu'en même temps, par un sentiment

d'équité qui les honore, elles les ont abaissés au plus strict minimum sur les risques simples ;

Méfiez-vous aussi de celui qui, dans le but de supplanter l'agent de votre choix, tente de vous séduire par l'offre aussi insultante pour vous qu'humiliante pour lui d'une remise sur son salaire.

Si vous commettez la faiblesse d'accueillir ce camelot de l'assurance au détriment d'un mandataire plus respectueux de la dignité de ses fonctions, priez Dieu et les pompiers de vous préserver d'un gros sinistre, car il pourrait vous en cuire. Il est très possible, en effet, que par ignorance ou insouciance, peut-être même par rancune de votre lésinerie, ce guide infidèle ait omis des déclarations dont l'absence viciera votre contrat, et, dans ce cas, vous crierez bien haut contre la Compagnie au lieu de vous en prendre à vous-même, qui aurez été le premier coupable.

C'est surtout dans les localités éloignées des grands centres de population que s'exerce, à la faveur de l'incognito, la dangereuse propagande des sociétés véreuses et de leurs complices.

Habitants des petites villes et des campagnes, pourquoi livreriez-vous le soin de votre sécurité au premier venu, qui peut trahir impunément votre confiance, quand vous avez sous la main des agents d'une probité notoire, ou leurs sous-agents dont ils contrôlent les actes, représentants attitrés de Compagnies d'une valeur incontestable ?

Si vous étiez tentés de marchander à un agent honorable le fruit de son travail, songez qu'il n'est pas au bout de sa besogne, car vous devrez trouver en lui, pendant toute la durée de votre contrat, un consciller gratuitement dévoué, au besoin même un défenseur énergique et compétent de vos droits,

TRIOMPHE ET DÉCADENCE

D'UN

TONTINIER

TRIOMPHE & DÉCADENCE

D'UN

TONTINIER

———

Nous extrayons du carnet d'un zélé propagateur de l'assurance sur la vie le récit suivant :

« Il y a trente ans environ, j'ambitionnais une profession dont l'exercice me permettrait de concilier le bien-être des miens avec la satisfaction de mes instincts de bienfaisance. Aussi considérai-je comme un de mes plus beaux jours celui où une Compagnie d'assurances sur la vie puissamment riche et profondément honnête, à laquelle j'avais donné mainte preuve de mon zèle, daigna me confier la mission d'aller initier à ces combinaisons salutaires, alors si peu connues, les populations rurales de la haute et de la basse Bourgogne ; je dis rurales parce que les principales villes étaient réservées à l'apostolat d'agents généraux sédentaires, dont la ferveur, promptement attiédie par l'insuccès des premières tentatives, ne s'épanchait guère au delà des limites d'octroi de leurs résidences respectives.

Dans la première ville où je m'arrêtai pour me mettre à la disposition de l'Agent de la Compagnie et recevoir ses indications, je trouvai un homme intelligent et distingué, appartenant à une des familles les plus anciennes et les plus estimées, qui m'exposa les motifs de son inertie et de celle de ses principaux collègues de la région.

Tels amis de vieille date, des parents même, qui n'eussent point hésité à lui confier la gestion de leur fortune, manifestaient une répugnance presque blessante dès qu'il entreprenait de leur faire apprécier la bienfaisante efficacité de nos opérations.

La Tontine avait passé par là, et l'opinion publique, exaspérée par le souvenir d'innombrables déceptions, s'obstinait à confondre dans sa rancune cette intruse maudite avec l'assurance sur la vie dont elle n'est qu'une idiote contrefaçon.

En effet, pour nous borner à signaler quelques-unes des dissemblances qui les caractérisent, constatons que la Tontine promet sans rien garantir, tandis que l'assurance garantit et réalise. — Voilà pour le côté matériel.

Au point de vue moral et humanitaire, les Compagnies d'assurances sur la vie, dans leurs combinaisons
principales, ont le même intérêt que les assurés à ce
qu'ils vivent le plus longtemps possible. Le décès de
chacun d'eux constituant une perte pour la Compagnie
qui l'assurait aussi bien que pour la masse des clients
puisqu'il fait brèche aux bénéfices qu'elle partage avec
eux, il y a accord complet entre les deux parties pour
souhaiter à tous bonne santé et longue vie.

Les Tontinés, au contraire, spéculent sur la mort de
leurs compagnons d'aventure. Plus il en meurt, plus
les survivants, que le sentimentalisme n'étouffe pas, ont
lieu de se réjouir. Une peste noire, qui supprimerait les
dix-neuf vingtièmes des souscripteurs, serait accueilli
par le vingtième épargné comme un bienfait du ciel...
pas pour les morts, bien entendu, ni pour leur famille...
mais il est impossible de contenter tout le monde à la fois.

Sans mettre en doute la véracité de notre Agent, je
considérais l'exposé de ses motifs de découragement
comme fortement entaché d'exagération, et ma confiance
dans les résultats futurs de mes efforts en avait été à
peine ébranlée. Notre tâche me paraissait d'ailleurs
fort allégée par l'excommunication majeure fulminée
de toutes parts, me disait-on, contre la Tontine. Mort
le venin, morte la bête.

Je n'avais donc pas à craindre de la rencontrer sur

ma route, et il ne me restait qu'à dégager par des arguments irréfutables les Compagnies d'assurances sur la vie de la solidarité erronée qu'on leur attribuait dans les malencontreux agissements de notre indigne rivale. Cette brave population bourguignonne, dont l'intelligence est arrosée d'un vin si généreux, mise en contact avec un homme loyal et sincère, animé d'une foi robuste dans l'excellence de sa cause, saurait bien vite discerner le vrai du faux, le bon grain de l'Assurance sur la vie de l'ivraie tontinière.

Nanti d'une demi-douzaine de lettres d'introduction de notre Agent à l'adresse de personnes notables auxquelles il me laissait le soin d'exposer personnellement le but de mon voyage, comme s'il eût craint de se discréditer en le leur révélant lui-même, je m'élançai allégrement à la conquête des plus humbles cités, de simples chefs-lieux de canton, et même des plus chétives bourgades.

Mon enthousiasme subit une rude épreuve dès mes premiers pas.

Un fantôme se dressa devant moi ; horreur ! C'était le cadavre galvanisé de la Tontine, remis à neuf, en chair et en os, vêtu comme un prince, mieux qu'un prince, comme un dentiste... chaîne d'or au cou, bagues aux doigts, portefeuille d'une obésité ministérielle sous le bras.

Il s'était implanté dans ces parages en reniant, au besoin, la Tontine, sa patronne, se donnant comme assureur sur la vie, bien plus, comme envoyé du Gouvernement protecteur de l'innocence, et chargé par lui de cimenter, au plus bas prix, le bonheur futur des enfants du peuple.

Et sur la foi de boniments de cette force, des mères hallucinées, s'insurgeant contre les éclairs de raison et les velléités de résistance de leurs maris, vidaient héroïquement le bas de laine recéleur de leurs économies clandestines entre les mains du tentateur.

Sa manière de procéder n'exigeait pas de grands frais d'imagination :

« Quel âge a votre enfant ?

— Trois ans aux prunes.

— Quelle somme voulez-vous qu'il touche à sa majorité ?

— Dam'tant plus que possible.

— Combien voulez-vous payer chaque année ?

— Dam' le moins possible.

— C'est trop peu.

— Voyons : cent francs par an, est-ce assez pour en avoir vingt-mille ?

— Oh ! non ; il faut tripler cela, et encore...

— Miséricorde ! je ne pourrais jamais...

Tenez, j'irai jusqu'à cent cinquante francs par an !

« — A ce prix-là, votre enfant ayant déjà près de trois ans, je ne pourrais pas vous promettre plus de douze à treize mille francs... quatorze tout au plus...

— Vingt mille ou rien. Voyons, mon bon Monsieur, soyez gentil, faites çà pour une pauvre poitrinaire que le bon Dieu vous en remerciera.

— Allons, soit !... vous aurez vos vingt mille francs, mais... n'en dites rien à personne...

— Pas si bête !... »

Et on s'empressait de crier la bonne nouvelle par dessus les toits en exhortant les amis et connaissances à ne pas laisser échapper une aussi belle aubaine.

Le mari, à demi convaincu et complètement ébloui, signait l'engagement, la femme versait, avec une précipitation fébrile. le montant des frais de gestion en croyant payer la prime de première année, et... l'opérateur poursuivait radieux le cours de ses exploits.

Une surprise cruelle était réservée dans un avenir prochain au pauvre ménage, mais qu'importait ?... le tour était joué ; il s'est même trouvé naguère un tribunal qui a émis l'avis que c'était bien joué.

A la vérité, plusieurs autres avant lui avaient émis un avis contraire. Faut-il dire, avec le proverbe : « Aux derniers les bons », hum ! hum !

Bien que la fièvre folle soulevée par l'attraction magnétique de cet enchanteur eût atteint son paroxisme

et ne me laissât présentement aucune chance de réagir
avec succès tant qu'elle ne serait pas un peu calmée,
j'avais visité, pour l'acquit de ma conscience, quelques
personnes réputées plus sensées que le commun des
martyrs.

C'était assez pour que je fusse montré au doigt
comme un réprouvé. Les gens mêmes qui eussent
volontiers prêté une oreille attentive à mes démonstrations auraient craint de se mettre à dos le Gouvernement, oui, Monsieur, le Gou-ver-ne-ment, en faisant à
un mandataire honoré de sa confiance l'injure de le
mettre en balance avec un simple inspecteur d'une
simple Compagnie d'assurances.

Le parti le plus sage était de tirer au large et de me
faire oublier jusqu'à ce que mon invincible rival eût
achevé sa vendange, ce qui ne pouvait tarder au train
dont il y allait.

Un soir, je m'acheminais pédestrement, mon sac de
voyage à la main, faute d'omnibus, vu l'heure tardive,
par un temps froid et pluvieux, vers la plus prochaine
station du chemin de fer.

Tout à coup le silence lugubre qui régnait aux alen-
tours fut troublé par un brouhaha lointain de voitures,
de claquements de fouets, d'acclamations confuses et
de vivats réitérés. La musique seule manquait à cette
manifestation nocturne.

Peu s'en fallut que la caravane roulante ne me passât sur le corps sans crier : gare !

Je hâtai le pas pour assister d'aussi près que possible au déballage.

Le bruyant cortège se composait de la plus fine fleur des pères de famille récemment harponnés par la Tontine. Ils avaient voulu faire escorte à l'homme providentiel qui leur apportait une richesse problématique en emportant leur argent, — promesses sonores en échange d'espèces sonnantes.

L'un d'eux s'était emparé de sa valise, un autre étreignait convulsivement de ses bras arrondis son carton à chapeau veuf de poignée, un autre enfin se délectait à recevoir une douche céleste pous le couvrir tout entier d'un large parapluie de famille. Et les protestations de reconnaissance. et les nerveuses poignées de main. et les accolades frénétiques lui furent prodiguées jusqu'au moment où le sifflet de la locomotive arracha cette grappe humaine au marche-pied du wagon qui emportait le triomphateur.

Quelques-uns de ces naïfs écervelés m'ayant vu me hisser tout essoufflé dans le dernier compartiment, me saluèrent de sourires ironiques, assaisonnés de lazzis que je dus croire très spirituels d'après l'hilarité qu'ils suscitèrent, mais qui ne parvinrent pas assez distinctement à mon oreille pour me permettre d'en apprécier la finesse.

Candides moutons de Panurge, me disais-je avec compassion, soyez aujourd'hui tout à la joie et glorifiez à plein gosier votre *bienfaiteur*. Dans vingt ans, s'il vous tombait sous la main, vous lui chanteriez une autre gamme.

J'appris, le mois suivant, qu'un des principaux acteurs de cette scène burlesque, l'un des plus riches viticulteurs du canton, avait eu l'honneur et la joie de lui faire agréer pour épouse l'aînée de ses filles pourvue d'une belle dot qui, on le devine sans peine, ne provenait pas de la Tontine.

. Il s'éclipsa brusquement peu de jours après le mariage, emportant la dot et la femme et ne fit plus désormais que de très rares et très courtes apparitions dans le pays.

A défaut de remords contre lesquels sa belle âme était cuirassée, un instinct secret l'engageait, sans doute, à fuir le théâtre de ses exploits.

Voici deux échantillons pris sur le vif des aberrations qu'il avait fait jaillir d'un tas de cervelles en ébullition ?

« Avec sa dot de vingt mille francs, qu'elle empochera le lendemain du jour de sa majorité, disait un pauvre vigneron qui croyait déjà les tenir parce qu'il versait stoïquement cinquante écus par an, notre aînée Mariette, un beau brin de fille, ne sera pas embarrassée pour obtenir la main d'un avoué, ou tout au moins d'un huissier à verge.

— J'aimerais mieux un notaire, objectait la mère.

— Pourquoi pas ? Je m'en contenterais tout de même, répliquait le mari d'un ton béat.

— Moi, disait un autre, je ferai de mon fils un élève de l'Ecole Pyrotechnique... ou Porytechnique. La guerre mène à tout.

— Oui, ripostait la mère, avec un soupir, surtout à la mort.

— Allons donc !... Les trois quarts des généraux meurent de vieillesse dans leur lit, couverts de gloire.

— Et d'infirmités. J'aimerais mieux faire de lui un avocat. Notre Auguste n'a pas la langue dans sa poche: On dit qu'aujourd'hui c'est par la parole qu'on arrive le plus vite et le plus sûrement.

— Possible, mais on n'a pas un bel uniforme galonné d'or avec un chapeau à plumes et un grand sabre qui font que, lorsqu'il viendra voir ses parents, tout le monde s'épatera en l'apercevant et qu'on dira : « Tiens ! c'est le fils à Bastien ! Oh ! le beau militaire ! » Moi, d'abord, je veux pouvoir être fier de mon fils.

Quelle différence avec ton avocat ! S'il reparaissait au village, entortillé dans une robe noire, avec une toque de même couleur sur sa tête, on se croirait au carnaval en plein carême et les chiens de nos voisins aboieraient après lui.

— Mais, entêté, pense donc à M. X..., notre député. Il y a dix ans, c'était un petit plaideur de petites causes. Elu député, par suite d'un tas de manigances auxquelles le diable n'a jamais rien compris, ni moi non plus, il a joué des coudes, et de fil en aiguille, il est devenu ministre .. mi-nis-tre ! ! ! une Excellence, comme on disait quand j'étais petite.

— Ah ! oui ; mais combien de temps çà a-t-il duré ?

— Plus de six semaines.

— Ça n'est pas à dédaigner, bien certainement, mais j'aime mieux le solide.

— Eh bien ! quand il devrait lâcher la rampe comme tant d'autres, comptes-tu donc pour rien de pouvoir mettre sur ses cartes : « Monsieur Auguste Bastien fils, ancien Ministre de... n'importe quoi ? » C'est ça qui requinque un homme !...

— Dans le fait, tu as peut-être raison. Va donc pour apprenti ministre, si c'est sa vocation. Faudra voir.

Je m'étais dit que la réaction serait lente, mais qu'elle était certaine et qu'il n'y avait que patience à prendre.

Elle fut plus prompte que je n'eusse osé l'espérer.

A mon retour l'enthousiasme était déjà bien entamé. Le doute, précurseur de la défiance, s'insinuait dans

les esprits même les plus crédules. On avait reçu de
de Paris les contrats définitifs et l'on se demandait, non
sans une certaine anxiété, la raison de leur mutisme
absolu à l'égard des merveilleux résultats qui n'étaient
garantis que par la parole du charmeur. Fallait-il voir
dans cette omission un simple oubli ou une réticence
calculée ?

Les plus fins lettrés, voulant en avoir le cœur net,
mirent la main à la plume, et, de leur plus belle
écriture, posèrent la question à l'administration supérieure qui leur répondit... « qu'elle ne pouvait répondre
« de rien et que le hasard seul déciderait des résultats
« qui, dans son opinion, devaient être superbes.

« Quant au premier versement effectué, par lequel
« on croyait, bien à tort, s'être libéré pour l'année
« entière, c'était un don de joyeux avènement, une
« rémunération anticipée de la gestion future, complè-
« tement distincte de la première cotisation annuelle
« qui restait due. Si les explications de l'agent sur ce
« point, avaient été insuffisantes ou mal comprises, on
« le déplorait vivement, mais on n'y pouvait rien. Il
« fallait s'exécuter sous peine de déchéance, et, dans
« ce cas, on ne rendait pas l'argent ».

Ces explications si peu satisfaisantes pour le présent
n'étaient guère rassurantes pour l'avenir.

Les naïfs avalaient la pilule en maugréant ; d'autres

augurant mal ce début, abandonnaient la somme versée.
non sans jeter feu et flamme contre la Tontine et son
prophète.

J'eus encore bien des lances à rompre pour faire
comprendre, même à des gens intelligents, que l'*assurance sur la vie* n'était pour rien dans leur mésaventure ;
mais la raison reprit enfin ses droits. Les agents de la
Compagnie, touchés de ma persévérance, s'étaient mis
résolument à l'œuvre, et en raison de la légime
confiance qu'ils inspiraient, nous conquîmes avec une
rapidité relative une clientèle d'élite.

La situation alla toujours s'améliorant, quelques
décès prématurés donnèrent lieu à l'opinion publique
d'établir entre la bienfaisance réelle de nos combinaisons et la stérilité des promesses de la Tontine, des
comparaisons invariablement défavorables à cette dernière, et quand, après cinq ans de lutte, je fus envoyé
dans une autre circonscription, l'expérience était
complète.

Il y a quelques années, appelé à suppléer momentanément mon second successeur, atteint d'une maladie
grave, ce ne fut pas sans une douce émotion que je me
retrouvai dans ces parages, témoins de mes premiers
efforts aux succès toujours croissants desquels le
concours intelligent et l'influence des honorables
Agents de la Compagnie avaient puissamment contribué.

Mais, ce qui mit le comble à ma joie, ce fut de voir tant de mains sympathiques de personnes oubliées ou même inconnues de moi s'empresser à serrer la mienne avec la plus vive cordialité. L'étrangeté apparente de ces démonstrations affectueuses s'expliquaient par ce fait que, parmi nos prosélytes de la première heure, plusieurs des plus importants, auxquels leur situation avait permis d'adopter l'*assurance mixte* ou l'*assurance à terme fixe*, étaient déjà en possession des fruits de leur prévoyance.

On citait, en outre, un certain nombre de veuves et d'orphelins dont les maris ou les pères. désillusionnés de la Tontine, avaient perpétué l'aisance par la souscription à notre Compagnie d'une police d'assurance en cas de décès.

La Tontine venait tout justement de liquider une série arrivée à échéance, dont un pauvre bonhomme, écho fidèle de ses compagnons d'infortune, appréciait les résultats en ces termes naïfs : « On nous a donné plus de *leurre* que de pain ».

Un jour de fête carillonnée, plusieurs membres du cercle de la petite ville de X..., nos clients, m'avaient invité à un déjeuner-dînatoire. Au dessert, nous fûmes attirés subitement vers les fenêtres par les pas retentissants, les cris et les hurlements d'une foule compacte acharnée à la poursuite d'un long personnage effaré

qui s'enfuyait à toutes jambes. Malgré la rapidité verti-
gineuse de sa course et le changement qui s'était opéré
dans sa personne depuis vingt-cinq ans, je crus
reconnaître le ci-devant triomphateur.

C'était bien lui, en effet. La musique, cette
fois, ne manquait pas à la fête, musique en
cuivre, pelles, pincettes et chaudrons. L'orchestre était
conduit par un de ses plus bruyants acclamateurs
d'autrefois.

Je me demandais avec stupeur comment il avait pu
pousser l'audace jusqu'à venir braver par sa présence
une population parmi laquelle il comptait tant de
victimes.

Le mot de l'énigme ne tarda pas à m'être révélé. Sa
femme, mariée sous le régime dotal, était morte sans
enfants, ayant d'autant moins songé à tester en sa
faveur que jadis, sous l'influence d'une lune de miel
promptement éclipsée, cet époux prévoyant lui avait
fait souscrire, bon gré, mal gré, dans une bonne Compagnie d'assurances sur la vie — rien de la Tontine
— un contrat de trente mille francs à son profit, en
cas de prédécès !

Poursuivi en restitution de la dot gaspillée, par son
beau-père, avec un acharnement bien naturel à l'encontre d'un gendre qui, depuis longtemps, avait cessé
de plaire, il venait offrir piteusement, à titre de cote

mal taillée le produit de l'assurance, comme dernière épave de son naufrage.

Si on le revoit jamais dans le pays, je prends l'engagement d'aller le dire à Panama.

L'ÉPARGNE DU PRÉSENT

ASSURE L'AVENIR

L'ÉPARGNE DU PRÉSENT

ASSURE L'AVENIR

Condo..... quæ mox depromere
possim.　　　(*Horace*).

Le fonctionnaire public, le magistrat, l'employé de l'État ou des chemins de fer, l'officier des armées de terre et de mer, ont en perspective une retraite assurée pour leur vieillesse, retraite presque toujours trop modique pour les préserver de la gêne, mais suffisante du moins pour les mettre à l'abri de la misère.

Cette demi-sécurité du lendemain manque le plus souvent aux soldats du Christ lorsque l'âge, la fatigue, les infirmités contractées dans l'exercice de leur sainte et laborieuse mission les ont rendus impropres à la continuation d'un service actif.

S'ils n'ont aucun patrimoine, si aucune parcelle de leurs modestes épargnes n'a échappé aux entraînements d'une prodigalité charitable, les caisses diocésaines s'entr'ouvriront pour eux avec une parcimonie forcée, en raison de l'affligeante quantité des infortunes à secourir ; quelquefois même ils obtiendront un asile dans une des maisons hospitalières toujours trop étroites pour recevoir le grand nombre de ceux qu'on voudrait pouvoir y accueillir.

Il est douloureux d'avoir à constater que cette détresse des derniers jours est plutôt la règle que l'exception pour le simple desservant et le curé de campagne.

La vocation sacerdotale se révélant plus facilement dans le calme et l'austérité de la vie des champs que dans le tumulte des villes, il en résulte qu'une assez grande partie des membres du clergé sont des fils d'honnêtes cultivateurs généralement chargés de famille et peu fortunés.

N'existe-t-il aucun moyen d'obvier à cette intéressante situation ?

Nous aurions hésité à soulever le voile, qui laisse à peine entrevoir la gravité du mal, si ce mal était sans remède.

Il en est, au contraire, un très simple et d'une efficacité infaillible, mais malheureusement à peu près ignoré de ceux qui auraient le plus d'intérêt à le connaître.

Nous voulons parler de l'*assurance sur la vie*, institution morale et bienfaisante au développement de laquelle des préjugés injustifiables et une aveugle routine opposèrent longtemps des entraves que l'intervention sympathique de plusieurs prélats éminents, si aptes à résoudre les cas de conscience moraux et religieux, ont contribué à faire disparaître.

Le vénérable supérieur de Saint-Sulpice, M. l'abbé Carrière, constate dans son *Traité des Contrats* que tous les théologiens considèrent les assurances sur la vie comme des actes très licites et très utiles, dans lesquels l'intérêt général se combine heureusement avec l'intérêt particulier.

Mgr Gousset, dans sa *Théologie morale*, donne également son approbation raisonnée aux contrats d'assurances sur la vie et de rentes viagères.

L'abbé Quéant, dans un intéressant opuscule, intitulé *Assurance et Religion*, nous apprend que la première Compagnie d'assurances sur la vie a été fondée en 1706 par Thomas Allen, évêque d'Oxford.

Il y a environ trente ans, l'archevêque de Tolède, dans le but d'initier la nation espagnole aux bienfaits, ignorés ou méconnus d'elle jusqu'alors, de l'assurance sur la vie, a honoré de son puissant patronage la création d'une Compagnie spéciale en acceptant le titre de président honoraire du Conseil.

D'autres prélats non moins illustres ont ajouté l'exemple au précepte. Nous n'en citerons que deux :

Mgr de Schaguna, archevêque métropolitain de Hermannstadt (Autriche), mort en 1873, était assuré depuis 1867.

Mgr Landriot, dont les pauvres du diocèse de Reims ne sont pas seuls à bénir la mémoire, avait trouvé dans les ingénieuses combinaisons de l'assurance sur la vie le secret de concilier les nobles inspirations de sa bienfaisance quotidienne avec la douce satisfaction de se survivre par la continuation de ses œuvres charitables au delà du tombeau.

Grâce à la fructification de ses économies largement accrues au moyen de plusieurs contrats successifs d'assurances réalisables à son décès, il a eu le suprême bonheur de pouvoir édicter un touchant testament dont nous empruntons encore à l'édifiante publication de l'abbé Quéant les principales dispositions :

« Cinq mille francs à la fabrique de la cathédrale de Reims pour fondation d'un service annuel pour le repos de mon âme. Deux mille francs seront en outre distribués de suite pour honoraires de messes à mon intention.

« Dix mille francs à la fabrique de Saint-Remi de Reims, afin qu'on fasse fondre une cloche en l'honneur de saint-Remi.

« Deux mille francs aux Petites Sœurs des Pauvres.

« Deux mille francs aux Sœurs de la Compassion,

pour leur témoigner toute ma reconnaissance pour les soins si dévoués qu'elles me donnent depuis ma maladie.

« A la fabrique de Conches-les-Mines, mon pays natal, trente mille francs pour une bonne œuvre ».

Monseigneur, dans ses libéralités, n'a point oublié le petit séminaire d'Autun, dont il fut le Supérieur.

Il a pensé aussi à ses domestiques, dont il a reconnu largement les bons services.

Une cinquantaine de mille francs a été partagée entre M. l'abbé B..., l'un de ses vicaires généraux, et M. l'abbé D..., son secrétaire général, qui s'étaient dévoués particulièrement à sa personne.

Trois fois heureux ceux qui peuvent se préoccuper efficacement du bien-être des autres en s'oubliant eux-mêmes !

Tel n'est pas le sort de la grande majorité des serviteurs du Christ. Aussi ont-ils le droit, et même le devoir, en vertu du principe si légitime de conservation personnelle, de songer à s'assurer une ressource contre la gêne qui menace leur vieillesse.

Quels sont les fidèles qui, si leur fortune personnelle ne leur permet qu'un léger sacrifice, ne se feraient pas un devoir et une douce satisfaction de se grouper, de se cotiser pour assurer à leur pasteur vénéré le pain de la vieillesse ?

Les fils impies et dénaturés sont seuls capables d'abandonner leurs vieux parents dans la misère.

Le curé de campagne n'est-il pas un second père pour ses ouailles ?

Si un appel était fait dans ce sens, même parmi ceux dont la piété est la moins fervente, combien de cœurs généreux s'empresseraient d'y répondre !

Toute personne bienfaisante, toute confrérie, toute municipalité qui prendrait l'initiative de cette œuvre de réparation et d'équitable reconnaissance donnerait un noble exemple auquel les imitateurs ne manqueraient pas.

Pieux catholiques, qui sanctifiez vos fêtes de famille en conviant votre pasteur à les présider; combien votre joie ne serait-elle pas assombrie si une voix mystérieuse faisait retentir subitement à vos oreilles ces paroles fatidiques : « Dans vingt ans, ce saint homme que vous entourez de vos témoignages de respect et d'affection, auquel vous faites, de si bon cœur, les honneurs de votre foyer, se trouvera peut-être dans une situation difficile ».

Et si le moyen que nous indiquons de prévenir cette gêne imminente était révélé, les bourses de tous les convives, celles même des enfants ne s'ouvriraient-elles pas secrètement pour former la rançon du martyr volontaire ?

Riches, pensez à l'avenir des prêtres sans ressources.

Cet avenir n'est ni moins incertain ni moins inquiétant pour les subalternes laïques du corps enseignant, avec cette différence aggravante que bon nombre d'entre eux sont mariés et pères de famille. Nos réflexions et nos conseils relativement aux futurs nécessiteux du clergé s'appliquent donc également à cette classe intéressante de petits fonctionnaires.

P.-S. — L'autorité religieuse n'est pas seule à préconiser l'utilité et la moralité des assurances sur la vie ; leur développement est aujourd'hui, de la part de l'autorité civile, l'objet d'une vive sollicitude.

Nous croyons ne pouvoir mieux terminer notre démonstration et nos conseils que par la citation des extraits suivants d'une lettre adressée en janvier 1878 par M. le Ministre de l'Agriculture et du Commerce à M. le Président du Conseil d'État :

« Quant aux Compagnies d'assurances sur la vie, si j'en crois les chiffres de statistique fournis par les revues et journaux des assurances, on constaterait : aux États-Unis, un assuré sur 34 habitants ; en Angleterre, un assuré sur 48 habitants ; en Allemagne, un assuré sur 124 habitants. En France, on ne trouverait qu'un assuré sur 360 habitants. La marche à parcourir chez nous pour atteindre le degré de progrès auquel sont parvenus ces trois États est longue encore. Le nombre des Compagnies d'assurances dans ces divers pays est en rapport avec le mouvement de leurs opérations.

« Nous ne sommes plus au temps où la vie paraissait menacée par l'assurance, champ que l'on croyait ouvert aux spéculations dangereuses, malsaines et parfois sinistres. Ces erreurs tendent à se dissiper. L'assurance sur la vie n'est plus une menace ou un danger ; elle est une sauvegarde pour les familles ; elle entre peu à peu dans nos mœurs. On a compris qu'elle garantissait la veuve contre un deuil imprévu, comme elle protège le berceau ; elle permet, en effet, de constituer un patrimoine pour qui n'en a pas, et de préparer ainsi l'hérédité pour les enfants de celui dont le travail est le seul capital. Donc, son action est bienfaisante et morale, et le devoir de l'administration est d'en assurer le développement ».

TABLE DES MATIÈRES

Paris. — Imprimerie L. WARNIER ET Cie, rue Laffitte, 48